# CIRCUITOS ELÉCTRICOS DE POTENCIA

Marcelo Antonio Sobrevila
Alberto Luis Farina

# CIRCUITOS ELÉCTRICOS
# DE POTENCIA
## Tratamiento matemático
## y teoría básica

Primera edición
**2 0 1 0**

LIBRERÍA y EDITORIAL ALSINA
Paraná 137
C1017AAA Ciudad Autónoma de Buenos Aires
Telefax 54-11-4373-2942 y 54-11 4371-9309
info@lealsina.com www.lealsina.com
ARGENTINA

Queda hecho el depósito que marca la ley 11.723

Impreso en Argentina

ISBN 978-950-553-178-3

Diseño de tapa: Luciano García

Diseño de interior: Gráfica del Parque

Fotos: Alberto Luis Farina

Sobrevila, Marcelo.
   Circuitos eléctricos de potencia : tratamiento matemático y teoría / Marcelo Sobrevila y Alberto Farina. - 1a ed. - Buenos Aires : Librería y Editorial Alsina, 2010.
   102 p. ; 23x15 cm.

   ISBN 978-950-553-178-3

   1. Circuitos Eléctricos. 2. Electrónica. I. Farina, Alberto II. Título
   CDD 621.381 5

*"Importa mucho subrayar este hecho de primer orden: que la maravilla máxima de la mente humana, la ciencia física, nace en la técnica. Galileo joven no está en la Universidad, sino en los arsenales de Venecia, entre grúas y cabrestantes. Allí se formó su mente."*

**José Ortega y Gasset**
"Meditación de la Técnica", ediciones Revista
de Occidente, Madrid, 1957

*A mis hijos y mi nieto, mis afectos*

*A mis jóvenes colegas docentes*

*A mis discípulos a lo largo de una vida*

*A mis discípulos a lo largo de una vida*

# ÍNDICE

CAPÍTULO 1
**TEMAS MATEMÁTICOS**

CAPÍTULO 2
**CIRCUITOS DE POTENCIA**

CAPÍTULO 3
**POTENCIA Y ENERGÍA**

# PREFACIO

El estudio universitario de los sistemas eléctricos de potencia, requiere del alumno haber cursado previamente las asignaturas de ciencias básicas habituales en las carreras de ingeniería: matemática, física y química. También, estudios a nivel inicial sobre teoría de los circuitos, máquinas sincrónicas y transformadores, habituales en cursos de Electrotecnia.

Entendemos por sistemas eléctricos de potencia, a los conjuntos de máquinas y equipos que se encargan de llevar la energía eléctrica producida, desde los lugares de generación hasta los lugares de transformación y utilización. Estos sistemas están compuestos por generadores sincrónicos, líneas de transmisión en muy alta tensión, estaciones transformadoras, líneas de media tensión, líneas de baja tensión, y redes de distribución hasta terminales del consumidor.

Para aquellos alumnos que por la especialidad u orientación elegida en su carrera, desean conocer específicamente estos sistemas, hemos pensado que puede ser beneficioso hacer una introducción general como la que se propone en esta obra. Pero además, dado el gran cambio observado en la forma de tratar estos sistemas, se hace necesario revisar la parte específica de matemática necesaria para poder calcular, diseñar u operar estos conjuntos, siguiente las tendencias actuales. Particularmente, las operaciones elementales con álgebra matricial, lo que permite operar con gran cantidad de cifras, en forma de simplificada y condensada.

El desarrollo y perfeccionamiento de estos sistemas ha motivado la profundización de su tratamiento, por medio de métodos matemáticos cada vez más específicos. Esta circunstancia ha hecho necesario que el estudiante de Ingeniería deba manejar con soltura varios temas matemáticos que tratamos.

Por todo lo dicho, en esta obra hemos preparado una síntesis de la teoría de los circuitos eléctricos a nivel de iniciación. Para ello se repasan los conceptos iniciales de su conocimiento como hechos físicos, aplicando en los mismos la teoría de las matrices matemáticas y las diversas operaciones necesarias para maniobrar en forma condensada, la gran cantidad de datos y valores presentes en toda red de importancia.

# ANTECEDENTES Y RECONOCIMIENTO

Esta obra comenzó siendo un simple apunte de clase para el curso de Centrales Eléctricas y Redes, que dictábamos en la Facultad de Ingeniería de la Universidad de Belgrano.

En esta edición hemos invitado a participar al ingeniero **Alberto Luis Farina**, de carrera docente en la Universidad Tecnológica Nacional, Facultad Regional Rosario. Además, el ingeniero Farina tiene una sólida trayectoria en el ejercicio profesional, condición esta última favorable, dado que permite un acercamiento a la realidad del tema tratado. El profesor ingeniero Alberto Luis Farina ha revisado el texto para mejorar su calidad y lo ha enriquecido con oportunos aportes.

*Marcelo Antonio Sobrevila*

CAPÍTULO 1

# TEMAS MATEMÁTICOS

## 1.01. INTRODUCCIÓN

El estudio de la teoría de los sistemas eléctricos de potencia requiere de la herramienta matemática adecuada. Como todos los capítulos de la Ingeniería, el que vamos a tratar hará uso de algo más intensivo de unos que de otros, razón por la cual haremos un ligero repaso de **vectores** y **álgebra matricial**, dado que ello permite expresar en forma condensada, la gran cantidad de valores que se presentan en estos tipos de circuitos.

## 1.02. VECTORES

Definimos como **vector X** a un **conjunto de números** que pueden ser **reales o complejos** $x_1, x_2,..., x_n$ y que por definición expresamos en la forma que sigue:

$$X \triangleq \begin{bmatrix} x_1 \\ x_2 \\ \vdots \\ x_n \end{bmatrix} \qquad (x_i = a_i + jb_i) \qquad i = 1, 2, ..., n \qquad (1.01)$$

Se trata de un **arreglo** en forma de **columna**, como es lo más corriente. Pero para habituarnos al uso de la expresión, vamos ahora a escribir el **vector transpuesto**, que es otro vector que en los mismos números se han escrito adoptando la forma de **fila**, como podemos apreciar con la Fórmula N° 1.02 que sigue:

$$X^T \triangleq \begin{bmatrix} x_1 & x_2 \cdots x_n \end{bmatrix} \tag{1.02}$$

Debemos agregar que la cantidad **n** define lo que se llama **dimensión del vector**. También debemos advertir que un vector de solo 2 dimensiones se expresa fácilmente en el plano y uno de 3 dimensiones en el espacio. Más allá de las 3 dimensiones no se puede visualizar, pero sin embargo se puede operar con ellos como simples entidades matemáticas de cálculo. Es fácil advertir que 2 vectores **X** e **Y** son iguales si se cumple:

$$X = Y, \quad si \quad x_i = y_i, \quad para \quad i = 1,2,...,n \tag{1.03}$$

Por definición se denomina **vector nulo 0, vector uno 1,** y **vector unidad $e_i$** en la **dimensión i** a las expresiones:

$$0 \triangleq \begin{bmatrix} 0 \\ 0 \\ \vdots \\ 0 \end{bmatrix} \quad 1 \triangleq \begin{bmatrix} 1 \\ 1 \\ \vdots \\ 1 \end{bmatrix} \quad e_i \triangleq \begin{bmatrix} 0 \\ 0 \\ \vdots \\ 1 \\ \vdots \\ 0 \end{bmatrix} \quad \text{<---- } componente\ enésima \tag{1.04}$$

Sin mayor explicación es fácil comprender todo lo que sigue:

$$\lambda \times X = X \times \lambda \triangleq \begin{bmatrix} \lambda \times x_1 \\ \lambda \times x_2 \\ \vdots \\ \lambda \times x_n \end{bmatrix} \tag{1.05}$$

$$X \pm Y \triangleq \begin{bmatrix} x_1 \pm y_1 \\ x_2 \pm y_2 \\ \vdots \\ x_n \pm y_n \end{bmatrix} \tag{1.06}$$

$$X + Y = Y + X \tag{1.07}$$

$$X + (Y + Z) = (X + Y) + Z \tag{1.08}$$

$$\lambda_1 \times (\lambda_2 \times X) = (\lambda_1 \times \lambda_2) \times X \tag{1.09}$$

$$(\lambda_1 + \lambda_2) \times X = \lambda_1 \times X + \lambda_2 \times X \tag{1.10}$$

$$\lambda(X + Y) = \lambda \times X + \lambda \times Y \tag{1.11}$$

## 1.03. PRODUCTO ESCALAR DE VECTORES

Por definición vamos a considerar que el **producto escalar** o **productor interior** de 2 vectores de **igual dimensión** a la cantidad:

$$X^T \times Y \triangleq \sum_{i=1}^{n} x_i \times y_i \tag{1.12}$$

Aplicamos esta fórmula al ejemplo de los 2 vectores de la Figura Nº 1.01, destacando que [U] es el módulo del vector **U** y que [**I**], es el módulo del vector **I**. Primero se debe convenir que:

Reemplazando en la ecuación **1.12** nos resulta:

$$U \triangleq \begin{bmatrix} U_1 \\ U_2 \end{bmatrix} \triangleq \begin{bmatrix} |U| \cos \alpha \\ |U| \operatorname{sen} \alpha \end{bmatrix} \tag{1.13}$$

$$I \triangleq \begin{bmatrix} I_1 \\ I_2 \end{bmatrix} \triangleq \begin{bmatrix} |I| \cos \beta \\ |I| \operatorname{sen} \beta \end{bmatrix} \tag{1.14}$$

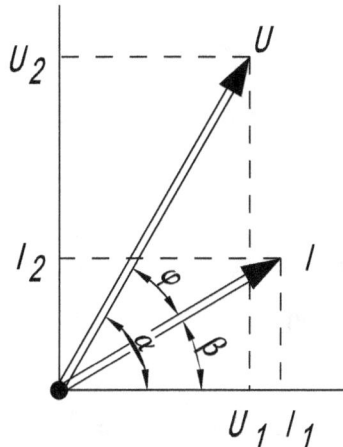

Fig. 1.01

17

$$U^T \times I = U_1 \times I_1 + U_2 \times I_2 = |U| \times |I| \ (\cos\alpha \times \cos\beta + \text{sen }\alpha \times \text{sen }\beta)$$

$$= |U| \times |I| \ \cos(\alpha - \beta) = |U| \times |I| \cos(\varphi) \qquad (1.15)$$

Se comprueba que el producto escalar resulta el producto de los módulos de los 2 vectores, por el coseno del ángulo comprendido entre ambos. Se tiene así:

$$\cos(\varphi) = \frac{U^T \times I}{|U| \times |I|} \qquad (1.16)$$

El producto escalar dividido por el producto de los módulos determina el coseno del ángulo comprendido, es decir, refleja el grado de paralelismo. Asimismo podemos notar que el producto escalar de un vector por sí mismo resulta:

$$X^T \times X = x_1 \times x_2 + x_1 \times x_2 = |X|^2 \qquad (1.17)$$

Que es el cuadrado del módulo. Además, 2 vectores cuyos módulos no son nulos, son ortogonales si se cumple la siguiente relación:

$$X^T \times Y = 0 \qquad (1.18)$$

### -Ejemplo N° 1.01

Supongamos tener 2 vectores caracterizados por las expresiones siguientes:

$$U = \begin{bmatrix} 5\,388 \\ 5\,388 \end{bmatrix} \qquad I = \begin{bmatrix} 1\,000 \\ 0 \end{bmatrix}$$

El vector U corresponde a la tensión de fase de una línea que entre las fases cuenta con un valor de 13 200 volt, es decir:

$$\frac{13\,200}{\sqrt{3}} = 7\,621 \quad \text{y} \quad \frac{7\,621}{\sqrt{2}} = 5\,388 \quad \text{volt}$$

Operamos conforme la teoría:

$$|U|=\sqrt{(5\,388)^2+(5\,388)^2}=7\,621 \text{ volt}$$

$$|I|=\sqrt{(1\,000)^2+(0)^2}=1\,000 \text{ ampere}$$

$$U^T \times I = 5\,388\times1\,000+5\,388\times0 = 5\,388\,000$$

$$\cos\varphi = \frac{5\,388\,000}{7\,621+1\,000} = 0,7069 \Rightarrow \quad \varphi \cong 45° \text{ (desfasaje)}$$

## 1.04. MATRICES

Definimos como **matriz A** a un **arreglo ordenado de información**, que se manifiesta en forma rectangular de la siguiente forma:

$$A \triangleq \boxed{A} \triangleq [A] \triangleq \begin{bmatrix} a_{11} & a_{12} & \cdots & a_{1n} \\ a_{21} & a_{22} & \cdots & a_{2n} \\ \cdots & \cdots & \cdots & \cdots \\ a_{m1} & a_{m2} & \cdots & a_{mn} \end{bmatrix} = [a_{ij}] \qquad (1.19)$$

Para la cantidad $a_{ij}$ se denomina **elemento** y tenemos
- para las *columnas*    $j = 1, 2, \ldots\ldots, n$
- para las *filas*    $i = 1, 2, \ldots\ldots, m$

En caso de que **n = m** tenemos una **matriz cuadrada**. De lo contrario, es **rectangular**. Para el caso de que la matriz sea del tipo **j = 1** se trata de un **vector**, como vimos en el punto **1.02**. Si **m = 1** es transpuesta.

$$A = B \quad si \quad a_{ij} = b_{ij} \quad para \quad j = 1,2,....,n \qquad (1.20)$$
$$i = 1,2,....,m$$

## 1.05. OPERACIONES CON MATRICES

Repasemos algunas operaciones elementales con matrices.

La **suma** (o la **resta**) de 2 matrices solo es posible si ambas tienen el mismo número de filas y de columnas, respondiendo a lo sigue:

$$A \pm B \triangleq \begin{bmatrix} a_{11}\pm b_{11} & \cdots & a_{1n}\pm b_{1n} \\ \cdots & \cdots & \cdots \\ a_{m1}\pm b_{m1} & \cdots & a_{mn}\pm b_{mn} \end{bmatrix} \qquad (1.21)$$

Como se observa, la suma (o la resta), presentan las siguientes propiedades:

- Conmutativa $\quad A \pm B = B \pm A$ $\qquad$ (1.22)

- Asociativa $\quad A + (B + C) = (A + B) + C$ $\qquad$ (1.23)

La **multiplicación** de una matriz por un **escala**r no presenta dificultad:

$$\lambda \times A \triangleq A \times \lambda \triangleq \begin{bmatrix} \lambda \times a_{11} & \dots & \lambda \times a_{1n} \\ \dots & \dots & \dots \\ \lambda \times a_{m1} & \dots & \lambda \times a_{mn} \end{bmatrix} \qquad (1.24)$$

Trataremos ahora la **multiplicación de matrices** que desarrollaremos con un poco más de detalle, porque es muy frecuente su empleo y por presentar algunas singularidades. En forma muy general, la regla de la multiplicación de matrices es la que sigue:

$$\begin{bmatrix} a_{11} & a_{12} & \dots & a_{1n} \\ a_{21} & a_{22} & \dots & a_{2n} \\ \dots & \dots & \dots & \dots \\ a_{m1} & a_{m2} & \dots & a_{mn} \end{bmatrix} \times \begin{bmatrix} b_{11} & b_{12} & \dots & b_{1p} \\ b_{21} & b_{22} & \dots & b_{2p} \\ \dots & \dots & \dots & \dots \\ b_{n1} & b_{n2} & \dots & b_{np} \end{bmatrix} = \begin{bmatrix} c_{11} & c_{12} & \dots & c_{1p} \\ c_{21} & c_{22} & \dots & c_{2p} \\ \dots & \dots & \dots & \dots \\ c_{m1} & c_{m2} & \dots & c_{mp} \end{bmatrix}$$

$$(1.25)$$

En forma condensada, lo mismo se escribe:

$$A \times B = C \qquad (1.26)$$

Los valores del producto son:

$$c_{11} = a_{11} \times b_{11} + a_{12} \times b_{21} + \dots + a_{1n} \times b_{n1}$$
$$c_{12} = a_{11} \times b_{12} + a_{12} \times b_{22} + \dots + a_{1n} \times b_{n2}$$
$$\dotsb$$
$$c_{1p} = a_{11} \times b_{1p} + a_{12} \times b_{2p} + \dots + a_{1n} \times b_{np}$$
$$\dotsb$$
$$c_{ij} = a_{i1} \times b_{1j} + a_{i2} \times b_{2j} + \dots + a_{in} \times b_{nj}$$

$$(1.27a)$$

$$c_{m1} = a_{m1} \times b_{11} + a_{m2} \times b_{21} + \dots + a_{mn} \times b_{n1} \qquad (1.27a)$$

$$c_{m2} = a_{m1} \times b_{12} + a_{m2} \times b_{22} + \dots + a_{mn} \times b_{n2}$$

$$\dots\dots\dots\dots\dots\dots\dots\dots\dots\dots\dots\dots\dots\dots$$

$$c_{mp} = a_{m1} \times b_{1p} + a_{m2} \times b_{2p} + \dots + a_{mn} \times b_{np}$$

En una forma más gráfica lo proponemos como sigue:

$$C = A \times B$$

$$c_{ij} = \sum_{\nu=1}^{n} a_{i\nu} \times b_{\nu j}$$

$$
\begin{array}{cccccc}
b_{11} & b_{12} & \cdots & |b_{1j}| & \cdots & b_{1p} \\
b_{21} & b_{22} & \cdots & |b_{2j}| & \cdots & b_{2p} \\
\cdots & \cdots & \cdots & \cdots & \cdots & \cdots \\
b_{n1} & b_{n2} & \cdots & |b_{nj}| & \cdots & b_{np}
\end{array}
$$

$$
\begin{array}{cccc|cccccc}
a_{11} & a_{12} & \cdots & a_{1n} & c_{11} & c_{12} & \cdots & c_{1j} & \cdots & b_{1p} \\
a_{21} & a_{22} & \cdots & a_{2n} & c_{21} & c_{22} & \cdots & c_{2j} & \cdots & c_{2p} \\
\cdots & \cdots & \cdots & \cdots & \cdots & \cdots & \cdots & \cdots & \cdots & \cdots \\
a_{i1} & a_{i2} & \cdots & a_{in} & c_{i1} & c_{i2} & \cdots & |c_{ij}| & \cdots & c_{ip} \\
\cdots & \cdots & \cdots & \cdots & \cdots & \cdots & \cdots & \cdots & \cdots & \cdots \\
a_{m1} & a_{m2} & \cdots & a_{mn} & c_{m1} & c_{m2} & \cdots & c_{mj} & \cdots & c_{mp}
\end{array}
$$

$$(1.27b)$$

Hagamos el ejercicio de aplicar esta regla de multiplicación de matrices a la expresión siguiente:

$$C = A \times B \qquad (1.28)$$

$$
\begin{bmatrix} a_{11} & a_{12} & a_{13} \\ a_{21} & a_{22} & a_{23} \end{bmatrix} \times
\begin{bmatrix} b_{11} & b_{12} \\ b_{21} & b_{22} \\ b_{31} & b_{32} \end{bmatrix} =
\begin{bmatrix} c_{11} & c_{12} \\ c_{21} & c_{22} \end{bmatrix} = \qquad (1.29)
$$

$$
= \begin{bmatrix} a_{11} \times b_{11} + a_{12} \times b_{21} + a_{13} \times b_{31} & a_{11} \times b_{12} + a_{12} \times b_{22} + a_{13} \times b_{32} \\ a_{21} \times b_{11} + a_{22} \times b_{21} + a_{23} \times b_{31} & a_{21} \times b_{12} + a_{22} \times b_{22} + a_{23} \times b_{32} \end{bmatrix}
$$

21

Se observa que la multiplicación de matrices solo es posible si el número de columnas de una de ellas, es igual al número de filas de la otra. Esta propiedad de la multiplicación de matrices se pone de manifiesto diciendo que para poder multiplicar dos matrices, las mismas deben ser **confortables**.

$$C = A \times B \quad \rightarrow\rightarrow\rightarrow \quad C \neq B \times A \qquad (1.30)$$

Si una matriz **B** la multiplicamos por otra **A** en la forma que muestra la expresión N° **1.31**, decimos que hacemos una **pre-multiplicación**.

$$C = A \times B \qquad (1.31)$$

En cambio, llamamos **pos-multiplicación** a la forma:

$$= B \times A \qquad (1.32)$$

Para la multiplicación de matrices vale la propiedad distributiva:

$$A \times (B + C) = A \times B + A \times C \qquad (1.33)$$

Tomamos ahora la expresión:

$$A \times B + C \times E = M \times N \times L \qquad (1.34)$$

Podemos pos-multiplicarla por **R**:

$$A \times B \times R + C \times E \times R = M \times N \times L \times R \qquad (1.35)$$

Con otro tipo de expresión también es posible:

$$A \times B \times C \times D = (A \times B) \times (C \times D) = A \times (B \times C) \times D \qquad (1.36)$$

Se observa por medio de las fórmulas N° 33, 34, 35 y 36 que se puede hacer cualquier combinación a **condición de que no altere el orden de las matrices**.

### -Ejemplo N° 1.02

Tenemos las dos siguientes matrices:

$$A = \begin{bmatrix} 1 & 2 & 3 \\ 3 & 2 & 1 \end{bmatrix} \qquad B = \begin{bmatrix} 2 & 3 \\ 4 & 6 \\ 6 & 9 \end{bmatrix}$$

Hagamos las multiplicaciones:

$$C = A \times B \qquad y \qquad D = A \times B$$

$$C = A \times B = \begin{bmatrix} 1 & 2 & 3 \\ 3 & 2 & 1 \end{bmatrix} \times \begin{bmatrix} 2 & 3 \\ 4 & 6 \\ 6 & 9 \end{bmatrix} =$$

$$= \begin{bmatrix} 1\times2+2\times4+3\times6 & 1\times3+2\times6+3\times9 \\ 3\times2+2\times4+1\times6 & 3\times3+2\times6+1\times9 \end{bmatrix} = \begin{bmatrix} 28 & 42 \\ 20 & 30 \end{bmatrix}$$

$$D = B \times A = \begin{bmatrix} 2 & 3 \\ 4 & 6 \\ 6 & 9 \end{bmatrix} \times \begin{bmatrix} 1 & 2 & 3 \\ 3 & 2 & 1 \end{bmatrix} =$$

$$= \begin{bmatrix} 2\times1+3\times3 & 2\times2+3\times2 & 2\times3+3\times1 \\ 4\times1+6\times3 & 4\times2+6\times2 & 4\times3+6\times1 \\ 6\times1+9\times3 & 6\times2+9\times2 & 6\times3+9\times1 \end{bmatrix} = \begin{bmatrix} 11 & 10 & 9 \\ 22 & 20 & 18 \\ 33 & 30 & 27 \end{bmatrix}$$

Puede observarse la confirmación de la (1.30).

## 1.06. ALGUNAS MATRICES PARTICULARES

Para su empleo en la teoría de los Sistemas Eléctricos de Potencia, es conveniente repasar algunas matrices de tipo especial.

Llamamos **matriz simétrica** a la que cumple la condición:

$$a_{ij} = a_{ji} \tag{1.37}$$

Esta matriz debe ser cuadrada y su diagonal principal puede ser cualquiera, ya que se cumple:

$$a_{jj} = a_{jj} \tag{1.38}$$

## -Ejemplo N° 1.03

Para ejemplificar mostramos la siguiente matriz simétrica:

$$\begin{bmatrix} 2 & -1 & 6 \\ -1 & 0 & 4 \\ 6 & 4 & 5 \end{bmatrix} \qquad (1.39)$$

En cambio, una matriz **antisimétrica** responde a:

$$a_{ij} = -a_{ji} \qquad (1.40)$$

Un ejemplo de esta última es:

$$\begin{bmatrix} 0 & 1 & 2 \\ -1 & 0 & 3 \\ -2 & -3 & 0 \end{bmatrix} \qquad (1.41)$$

Veamos ahora la **matriz diagonal** como sigue:

$$\begin{bmatrix} d_{11} & 0 & 0 & \cdots & 0 \\ 0 & d_{22} & 0 & \cdots & 0 \\ 0 & 0 & d_{33} & \cdots & 0 \\ \cdots & \cdots & \cdots & \cdots & \cdots \\ 0 & 0 & 0 & \cdots & d_{nn} \end{bmatrix} \quad i \neq j = 0 \qquad (1.42)$$

Una **matriz nula** es también por definición:

$$0 \triangleq \begin{bmatrix} 0 & 0 & \cdots & 0 \\ 0 & 0 & \cdots & 0 \\ \cdots & \cdots & \cdots & \cdots \\ 0 & 0 & \cdots & 0 \end{bmatrix} \qquad (1.43)$$

Con las matrices nulas se pueden hacer ver las siguientes relaciones.

$$A + 0 = A \qquad (1.44)$$

$$A \times 0 = 0 \times A = 0 \qquad (1.45)$$

$$A - A = 0 \qquad (1.46)$$

Si el resultado de un producto de matrices es nulo, no necesaria-mente alguna de ellas lo es, como lo demostramos en lo que sigue:

$$A \times B = 0 \qquad (1.47a)$$

$$\begin{bmatrix} 1 & 4 \\ 0 & 0 \end{bmatrix} \times \begin{bmatrix} 4 & 0 \\ -1 & 0 \end{bmatrix} = \begin{bmatrix} 0 & 0 \\ 0 & 0 \end{bmatrix} \qquad (1.47b)$$

La **matriz identidad** o **matriz unidad**, es por definición:

$$1 \triangleq U \triangleq \begin{bmatrix} 1 & 0 & 0 & \cdots & 0 \\ 0 & 1 & 0 & \cdots & 0 \\ 0 & 0 & 1 & \cdots & 0 \\ \cdots & \cdots & \cdots & \cdots & \cdots \\ 0 & 0 & 0 & \cdots & 1 \end{bmatrix} \qquad (1.48)$$

Con las matrices unidad se pueden realizar operaciones, como mostramos:

$$U \times A = A \times U = A \qquad (1.49)$$

$$U \cdots U = U^n = U \qquad (1.50)$$

Si tenemos la matriz **A**, es posible encontrar fácilmente la matriz transpuesta con el razonamiento que se muestra a continuación:

$$A = \begin{bmatrix} a_{11} & a_{12} & \cdots & a_{1n} \\ a_{21} & a_{22} & \cdots & a_{2n} \\ \cdots & \cdots & \cdots & \cdots \\ a_{m1} & a_{m2} & \cdots & a_{mn} \end{bmatrix} \qquad A^T = \begin{bmatrix} a_{11} & a_{21} & \cdots & a_{m1} \\ a_{12} & a_{22} & \cdots & a_{m2} \\ \cdots & \cdots & \cdots & \cdots \\ a_{1n} & a_{2n} & \cdots & a_{mn} \end{bmatrix} \qquad (1.51)$$

Con las matrices transpuestas podemos hacer operaciones, como evidenciamos por medio de las expresiones que siguen:

Si $\quad A \times B = C \quad$ *también* $\quad A^T \times B^T = C^T$ $\qquad$ (1.52)

$$(A+B)^T = A^T + B^T \qquad (1.53)$$

$$(A^T)^T = A \qquad (1.54)$$

Una matriz simétrica, de las que vimos con la Nº 1.37 cumple la condición:

$$A = A^T \qquad (1.55)$$

## 1.07 TRANSFORMACIONES LINEALES

Conviene un ligero repaso de las **transformaciones lineales**, dado que en la resolución de circuitos eléctricos –sea por el método de las mallas, o sea por el método de los nodos– aparecen esas herramientas matemáticas. Mostremos esta afirmación con el ejemplo de las ecuaciones necesarias para resolver un circuito por el método de las corrientes de malla.

Por la ley de Ohm

*Ley de Ohm* $\quad U = Z \times I$ $\qquad$ (1.56)

Escrita matricialmente:

$$\begin{bmatrix} U_1 \\ U_2 \\ \cdots \\ U_n \end{bmatrix} = \begin{bmatrix} z_{11} & z_{12} & \cdots & z_{1n} \\ z_{21} & z_{22} & \cdots & z_{2n} \\ \cdots & \cdots & \cdots & \cdots \\ z_{n1} & z_{n2} & \cdots & z_{nn} \end{bmatrix} \times \begin{bmatrix} I_1 \\ I_2 \\ \cdots \\ I_n \end{bmatrix} \qquad (1.57)$$

Por igual criterio obtenemos:

*Por Ley de ohm*     $$I = Y \times U \qquad (1.58)$$

Escrita matricialmente:

$$\begin{bmatrix} I_1 \\ I_2 \\ \cdots \\ I_n \end{bmatrix} = \begin{bmatrix} y_{11} & y_{12} & \cdots & y_{1n} \\ y_{21} & y_{22} & \cdots & y_{2n} \\ \cdots & \cdots & \cdots & \cdots \\ y_{n1} & y_{n2} & \cdots & y_{nn} \end{bmatrix} \times \begin{bmatrix} U_1 \\ U_2 \\ \cdots \\ U_n \end{bmatrix} \qquad (1.59)$$

Las impedancias presentes en las ecuaciones N° 1.57 son las siguientes:

$$Z_{vv} = R_{vv} + j\,\omega L_v + \frac{1}{j\omega C_v} \quad \text{y} \quad Z_{vu} = j\,\omega L_{vu} \quad (v \neq u) \qquad (1.60)$$

Y las admitancias son, de igual forma:

$$Y_{vv} = G_{jj} + \frac{1}{j\,\omega L_v} + j\omega C_v \quad \text{y} \quad Y_{vu} = \frac{1}{j\,\omega L_{vu}} \quad (v \neq u) \qquad (1.61)$$

Estas expresiones –que se emplean en la resolución de circuitos eléctricos– nos permiten afirmar que una **transformación lineal** es una **multiplicación de matrices**. Para estudiar algunas de sus propiedades desarrollamos como sigue:

$$y_1 = a_{11} \times x_1 + a_{12} \times x_2 + \dots + a_{1n} \times x_n \qquad (1.62)$$

$$y_2 = a_{21} \times x_1 + a_{22} \times x_2 + \dots + a_{2n} \times x_n$$

$$\dots\dots\dots\dots\dots\dots\dots\dots\dots\dots\dots\dots\dots$$

$$y_m = a_{m1} \times x_1 + a_{m2} \times x_2 + \dots + a_{mn} \times x_n$$

Esta misma expresión, escrita en forma condensada

$$Y = A \times X \qquad (1.63)$$

En forma resumida, cada componente de la matriz **A** de **m** x **n** elementos es:

$$y_i = \sum_{j=1} a_{ij} \times x_j \quad para \qquad i = 1, 2, \cdots, n \tag{1.64}$$

El subíndice **i** denota la fila de que se trata y **m** es la última de abajo. El subíndice **j** denota la columna de que se trata y **n** es la extrema de la derecha. Consideremos ahora otra nueva **transformación lineal** como sigue:

$$x_1 = b_{11} \times z_1 + b_{12} \times z_2 + \ldots + b_{1p} z_p \tag{1.65}$$

$$x_2 = b_{21} \times z_1 + b_{22} \times z_2 + \ldots + b_{2p} \times z_p$$

$$\cdots\cdots\cdots\cdots\cdots\cdots\cdots\cdots\cdots\cdots\cdots\cdots\cdots\cdots$$

$$x_n = b_{n1} \times z_1 + b_{n2} \times z_2 + \ldots + b_{np} \times z_p$$

Escrita en forma condensada:

$$X = B \times Z \tag{1.66}$$

Igual que para $y_i$ en la ecuación N° 1.64 podemos expresar ahora:

$$x_k = \sum_{r=1}^{p} b_{kr} \times z_r \quad para \qquad k = 1, 2, \cdots, n \tag{1.67}$$

Aquí el subíndice **k** denota la fila de que se trata y **n** es la última de abajo. El subíndice **r** denota la columna de que se trata y **p** es la extrema de la derecha.

Ahora vamos a sustituir la ecuación N° 1.67 en la N° 1.64, con lo que se elimina **x**, pero cuidando de reemplazar el subíndice **k** por el subíndice **j**, dado que si estamos previendo multiplicar matrices, el número de columnas de una debe ser igual al número de filas de la otra, como dejamos sentado en el punto N° 1.05.

$$y_i = \sum_{j=1}^{n} a_{ij} \times \sum_{r=1}^{p} b_{jr} \times z_r \quad para \qquad i = 1, 2, \cdots, m \tag{1.68}$$

Hemos eliminado **x** y nos quedamos con **m** relaciones entre **Y** y **Z**. La última suma puede arreglarse del siguiente modo:

$$y_i = \sum_{r=1}^{p} (\sum_{j=1}^{n} a_{ij} \times b_{jr}) \times z_e \quad para \quad i = 1, 2, \cdots, m \qquad (1.69)$$

Por estos procedimientos nos aparece un nuevo factor **c** variable hasta **m** y hasta **p** que expresamos ahora:

$$c_{ir} \triangleq \sum_{j=1}^{n} a_{ij} \times b_{jr} \quad para \qquad i = 1, 2, \cdots, m \qquad (1.70)$$
$$r = 1, 2, \cdots, p$$

Podemos ahora expresar las ecuaciones del grupo N° 1.71 por medio de:

$$y_i \triangleq \sum_{r=1}^{p} c_{ir} \times z_r \quad para \qquad i = 1, 2, \cdots, m \qquad (1.71)$$

Ahora vamos a reemplazar la X de la (1.66) en la (1.63) y aparece:

$$Y = A \times B \times Z \qquad (1.72)$$

Podemos simplificar indicando:

$$Y = C \times Z \qquad (1.73)$$

Pero aquí nos aparece que la matriz que tiene todos sus elementos definidos por la (1.70), es simplemente el producto de dos matrices, es decir:

$$C \triangleq A \times B \qquad (1.74)$$

El juego de las ecuaciones (1.70) es, en verdad, la expresión de la **multiplicación de matrices.** De haber procedido tomando un orden distinto, se habría demostrado que:

$$A \times B \neq B \times A \qquad (1.75)$$

asunto que ya sabíamos por haber tratado la fórmula (1.30).

## 1.08. DETERMINANTES

Como explicamos con la expresión N° 1.19, una matriz es un arreglo ordenado y compacto de información. Cuando esa matriz es cuadrada, a la misma es posible encontrarle un valor numérico característico que la identifique y que lleva el nombre de **determinante**. Por lo tanto, **un determinante es el resultado de hacer una serie de operaciones con los elementos $a_{ij}$ de la matriz.** Todos los determinantes son cuadrados, es decir, tienen igual número de filas que de columnas, o sea, presentan la característica **m = n**. A un determinante se lo expresa como sigue:

$$\det\ A \triangleq |A| \triangleq \begin{bmatrix} a_{11} & a_{12} & ... & a_{1n} \\ a_{21} & a_{22} & ... & a_{2n} \\ ... & ... & ... & ... \\ a_{n1} & a_{n2} & ... & a_{nn} \end{bmatrix} \tag{1.76}$$

La forma de hacer las operaciones para conocer el valor del determinante, responde a procedimientos y axiomas que se estudian en los cursos de Matemática. Por ejemplo, tomamos una matriz de segundo orden, **n = 2**, con dos filas y dos columnas y calculamos su determinante:

$$|A| \triangleq \begin{bmatrix} a_{11} & a_{12} \\ a_{21} & a_{22} \end{bmatrix} \triangleq a_{11} \times a_{22} - a_{12} \times a_{21} \tag{1.77}$$

Tomamos ahora una matriz de **tercer orden, n = 3**, y el determinante se calcula del siguiente modo:

$$|A| \triangleq \begin{bmatrix} a_{11} & a_{12} & a_{13} \\ a_{21} & a_{22} & a_{23} \\ a_{31} & a_{32} & a_{33} \end{bmatrix} = +a_{11} \times a_{22} \times a_{33} + a_{12} \times a_{23} \times a_{31} + a_{13} \times a_{21} \times a_{32-} \tag{1.78}$$

$$- a_{13} \times a_{22} \times a_{31} - a_{11} \times a_{23} \times a_{32} - a_{12} \times a_{21} \times a_{33}$$

Este resultado surge de aplicar una regla que gráficamente mostramos ahora:

$$
\begin{array}{ccc|cc}
a_{11} & a_{12} & a_{13} & a_{11} & a_{12} \\
a_{21} & a_{22} & a_{23} & a_{21} & a_{22} \\
a_{31} & a_{32} & a_{33} & a_{31} & a_{32} \\
(-) & (-) & (-) & (+) & (+) & (+)
\end{array}
\qquad (1.79)
$$

El procedimiento consiste en escribir la matriz cuyo determinante se desea calcular y en su costado derecho, a continuación, escribir las dos primeras columnas de la misma. Luego se hacen las operaciones de multiplicar los factores que se encuentran en las seis diagonales, aplicando los signos que correspondan. Las diagonales que van de izquierda a derecha y de arriba abajo –marcada con línea llena en la Nº 79– determinan productos que llevan signo negativo.

Estas operaciones permiten finalmente reconocer cuál es –en general– el procedimiento para una matriz cualquiera:

$$
|A| \triangleq \sum (\pm) a_{1i} \times a_{2j} \times a_{3k} \times \cdots \times a_{nr} \qquad (1.80)
$$

La suma se extiende hasta **n!** diferentes permutaciones de los segundos subíndices. En cuanto al signo que se debe adoptar para cada producto, vale la siguiente regla:

**Signo** $\rightarrow$ $(-1)^{i+j}$ $\qquad\qquad\qquad$ (1.81)

Existe otro procedimiento para calcular determinantes, consistente en **expandir la matriz**. Para ello se toma un elemento $a_{ij}$ y se elimina la fila **i** y por la columna **j**. Lo que resta es un determinante de orden **(n – 1)** que se denomina **menor complementario**. Por ejemplo, vamos a quitar la columna **2** y la fila **1** de la matriz de la fórmula Nº 78 y nos queda como mostramos enseguida:

$$
\begin{vmatrix} a_{11} & a_{12} & a_{13} \\ a_{21} & a_{22} & a_{23} \\ a_{31} & a_{32} & a_{33} \end{vmatrix} \rightarrow \begin{matrix} a_{11} & |a_{12}| & a_{13} \\ a_{21} & |a_{22}| & a_{23} \\ a_{31} & |a_{32}| & a_{33} \end{matrix} \rightarrow M_{12} \triangleq \begin{vmatrix} a_{21} & a_{23} \\ a_{31} & a_{33} \end{vmatrix} = a_{21} \times a_{33} - a_{23} \times a_{31} \quad (1.82)
$$

31

En este razonamiento, el valor $M_{12}$ es el **menor complementario** de $a_{12}$. Ahora tomamos la matriz de la fórmula N° 78 y procedemos de la manera indicada para cada uno de los elementos de la primera fila y tendremos:

$$|A| \triangleq +a_{11} \times \begin{bmatrix} a_{22} & a_{23} \\ a_{32} & a_{33} \end{bmatrix} - a_{12} \times \begin{bmatrix} a_{21} & a_{23} \\ a_{31} & a_{33} \end{bmatrix} + a_{13} \times \begin{bmatrix} a_{21} & a_{22} \\ a_{31} & a_{32} \end{bmatrix} \quad (1.83)$$

Nótese que concuerda con los resultados de la N° 78.
Escrita de otra forma:

$$|A| = +a_{11} \times M_{11} - a_{12} \times M_{12} + a_{13} \times M_{13} \quad (1.84)$$

Hemos marcado $M_{11}$, $M_{12}$ y $M_{13}$ a los menores complementarios. Si a los mismos le aplicamos la regla de los signos de la N° 81 nos queda:

$$A_{ij} \triangleq (-1)^{i+j} M_{ij} \quad (1.85)$$

A estas cantidades se las denomina **cofactores**. Por lo tanto, la N° 85 escrita ahora en forma completamente general resulta:

$$|A| \triangleq \sum_{j=1}^{n} a_{ij} \times A_{ij} \qquad para \quad i = 1, 2, \cdots, n \quad (1.86)$$

Esta expresión, que se conoce como **desarrollo de Laplace**, nos dice que el determinante se obtiene sumando todos los elementos de una fila (o de una columna) multiplicados por sus correspondientes cofactores.

Los determinantes tienen varias propiedades, algunas de las cuales comentamos:

$$|A| = |A^T| \quad (1.87)$$

$$|\lambda \times A| = \lambda^n \times |A| \qquad donde \ n \ es \ el \ orden \ de \ A \quad (1.88)$$

$$|A \times B| = |A| \times |B| \quad (1.89)$$

La ecuación N° 80 vista antes representa a la forma general de cálculo de un determinante según el primer procedimiento estudiado. Si en vez empleamos el segundo de los métodos estudiados, usando los cofactores, la expresión general puede escribirse de dos maneras, ya que podemos elegir filas o columnas para aplicarla:

$$|A| = \sum\nolimits_{j=1}^{n} a_{ij} \times A_{ij} \tag{1.90}$$

$$|A| = \sum\nolimits_{i=1}^{n} a_{ij} \times A_{ij} \tag{1.91}$$

En esta última **i** puede ser cualquiera fila y **j** cualquier columna.

Si ahora repasamos los cofactores $A_{11}$, $A_{12}$ y $A_{13}$ que resultan de las N° 83 y 84, advertimos que **son independientes** de la fila **j**. Es por ello que si procedemos a reemplazar los cofactores de la fila que corresponde, por los de las otras filas, el producto resulta nulo, como es fácil verificar. Si en vez de tomar la ecuación N° 83 como está escrito, tomamos la siguiente:

$$|A| = a_{21} \times A_{31} + a_{22} \times A_{32} + a_{23} \times A_{33} \tag{1.92}$$

donde hemos tomado los factores de la fila 2 y los co-factores de la fila 3, nos resulta lo siguiente:

$$|A| \triangleq +a_{21} \times \begin{bmatrix} a_{12} & a_{13} \\ a_{22} & a_{23} \end{bmatrix} - a_{22} \times \begin{bmatrix} a_{11} & a_{13} \\ a_{21} & a_{23} \end{bmatrix} + a_{23} \times \begin{bmatrix} a_{11} & a_{12} \\ a_{21} & a_{22} \end{bmatrix} = 0 \quad (1.93)$$

Haciendo los determinantes menores como en la N° 77, se puede verificar que el resultado resulta nulo. Esto se puede generalizar diciendo que si a un factor de una fila, se lo multiplica por el cofactor de otra fila, el resultado es nulo, como mostramos enseguida:

$$\sum\nolimits_{j=1}^{n} a_{kj} \times A_{ij} = 0 \qquad para \quad k \neq i \tag{1.94}$$

Lo mismo nos habría ocurrido si en vez de aplicar a una fila, hubiésemos aplicado a una columna de factores y cofactores de otra columna, es decir:

$$\sum\nolimits_{i=1}^{n} a_{ik} \times A_{ij} = 0 \qquad para \quad k \neq j \tag{1.95}$$

## 1.09. MATRIZ ADJUNTA

Vamos a escribir una matriz cuyos elementos componentes son los cofactores de otra, es decir:

$$A_{cof} = \begin{bmatrix} A_{11} & A_{12} & \cdots & A_{1n} \\ A_{12} & A_{22} & \cdots & A_{2n} \\ \cdots & \cdots & \cdots & \cdots \\ A_{1n} & A_{2n} & \cdots & A_{nn} \end{bmatrix} \qquad (1.96)$$

Ahora vamos a **transponerla** con la regla vista en la ecuación N° 51.

$$A_{cof}{}^{T} = \begin{bmatrix} A_{11} & A_{21} & \cdots & A_{n1} \\ A_{12} & A_{22} & \cdots & A_{n2} \\ \cdots & \cdots & \cdots & \cdots \\ A_{1n} & A_{2n} & \cdots & A_{nn} \end{bmatrix} \triangleq A^{+} \qquad (1.97)$$

A esta nueva matriz así obtenida la llamamos **matriz adjunta** y la señalamos con **A⁺**.

Esta definición nos ayudará en los razonamientos que siguen. Vamos a tomar una matriz de grado **n = 3** cuadrada, como la de la fórmula N° 78 que llamamos **A**, y la vamos a multiplicar por su matriz adjunta (transpuesta de cofactores) A⁺.

$$A \times A^{+} = \begin{bmatrix} a_{11} & a_{12} & a_{13} \\ a_{21} & a_{22} & a_{23} \\ a_{31} & a_{32} & a_{33} \end{bmatrix} \times \begin{bmatrix} A_{11} & A_{12} & A_{13} \\ A_{21} & A_{22} & A_{23} \\ A_{31} & A_{32} & A_{33} \end{bmatrix} \qquad (1.98)$$

Desarrollamos este producto de matrices conforme a la expresión N° 27:

$$= \begin{bmatrix} a_{11} \times A_{11} + a_{12} \times A_{12} + a_{13} \times A_{13} & a_{11} \times A_{21} + a_{12} \times A_{22} + a_{13} \times A_{23} & a_{11} \times A_{31} + a_{12} \times A_{32} + a_{13} \times A_{33} \\ a_{21} \times A_{11} + a_{22} \times A_{12} + a_{23} \times A_{13} & a_{21} \times A_{21} + a_{22} \times A_{22} + a_{23} \times A_{23} & a_{21} \times A_{31} + a_{22} \times A_{32} + a_{23} \times A_{33} \\ a_{31} \times A_{11} + a_{32} \times A_{12} + a_{33} \times A_{13} & a_{31} \times A_{21} + a_{32} \times A_{22} + a_{33} \times A_{23} & a_{31} \times A_{31} + a_{32} \times A_{32} + a_{33} \times A_{33} \end{bmatrix}$$

$$(1.99)$$

Aunque esta matriz parezca muy densa, se puede simplificar notoriamente. El término $\mathbf{a_{21}A_{31}} + \mathbf{a_{22}A_{32}} + \mathbf{a_{23}A_{33}}$ sabemos que es nulo según la N° 93. De la misma manera los otros de la misma naturaleza, por lo que la matriz se reduce a:

$$= \begin{bmatrix} a_{11} \times A_{11} + a_{12} \times A_{12} + a_{13} \times A_{13} & 0 & 0 \\ 0 & a_{21} \times A_{21} + a_{22} \times A_{22} + a_{23} \times A_{23} & 0 \\ 0 & 0 & a_{31} \times A_{31} + a_{32} \times A_{32} + a_{33} \times A_{33} \end{bmatrix}$$

$$(1.100)$$

Se trata de una matriz diagonal en la que se cumple lo siguiente:

$$|A| = a_{11} \times A_{11} + a_{12} \times A_{12} + a_{13} \times A_{13} = a_{21} \times A_{21} + a_{22} \times A_{22} + a_{23} \times A_{23} = a_{31} \times A_{31} + a_{32} \times A_{32} + a_{33} \times A_{33}$$

$$(1.101)$$

Cualquiera de los términos de la diagonal principal resulta igual al determinante de la matriz de partida, como se puede verificar aplicando la N° 84. Por lo tanto:

$$A \times A^+ \neq \begin{vmatrix} |A| & 0 & 0 \\ 0 & |A| & 0 \\ 0 & 0 & |A| \end{vmatrix} \times \begin{vmatrix} 1 & 0 & 0 \\ 0 & 1 & 0 \\ 0 & 0 & 1 \end{vmatrix}$$

$$(1.102)$$

Por lo tanto, acordándonos de la N° 48 podemos resumir así:

$$A \times A^+ \neq |A| \times U$$

$$(1.103)$$

Una matriz multiplicada por su adjunta, es igual al determinante de esa matriz, multiplicado por la matriz unidad. Por lo tanto se puede verificar:

$$A \times A^+ \neq A^+ \times A = |A| \times U$$

$$(1.104)$$

Este razonamiento nos resultará de utilidad en el tema que sigue.

## 1.10. MATRIZ INVERSA

La necesidad de estudiar la matriz inversa surge a raíz de que en álgebra matricial no se admite la operación de división. Comenzamos recordando que una transformación lineal es en verdad, una multiplicación entre una matriz cuadrada y una matriz columna o vector como dijimos en la ecuación N° 1, que da por resultado otro vector. Esto se vio en la fórmula N° 65, que en forma condensada es la N° 66 que volvemos a escribir ahora, por comodidad:

$$Y = A \times X \tag{1.105}$$

Si pudiésemos despejar **X**, saldría otra expresión similar:

$$X = B \times Y \tag{1.106}$$

Donde **B** debe ser otra matriz cuadrada del mismo orden que **A**. Sustituyendo nos sale:

$$Y = A \times B \times Y \tag{1.107}$$

Haciendo un camino inverso, es fácil de demostrar que:

$$X = B \times A \times X \tag{1.108}$$

Con estos dos razonamientos queda en evidencia que se debe cumplir:

$$A \times B = B \times A = U \tag{1.109}$$

La matriz **B** que posee estas propiedades se llama **inversa** de **A** y se la expresa por medio de:

$$B \triangleq A^{-1} \tag{1.110}$$

Por comparación con la N° 104 del párrafo anterior, la matriz que cumple las condiciones impuestas, debe ser:

$$A^{-1} = \frac{1}{|A|} \times A^+ \tag{1.111}$$

La matriz inversa se obtiene dividiendo la matriz adjunta, por el determinante. De esta última expresión N° 109 se deduce fácilmente que, para que sea posible la existencia de la matriz inversa $A^{-1}$ de una matriz A, el determinante de la misma no debe ser nulo, es decir:

$$|A| \neq 0 \tag{1.112}$$

De la N° 109 surge claramente que:

$$A \times A^{-1} = A^{-1} \times A = U \tag{1.113}$$

donde **U** es la matriz unidad, como recordamos de la N° 48. La fórmula N° 1.09 es la que se emplea para calcular la matriz inversa. Estas matrices tienen algunas propiedades que fácilmente deducimos de las siguientes:

$$(A \times B)^{-1} = B^{-1} \times A^{-1} \tag{1.114}$$

$$(A^{-1})^T = (A^T)^{-1} \tag{1.115}$$

$$(A^{-1})^{-1} = A \tag{1.116}$$

### -Ejemplo N° 1.04

Encontrar la matriz inversa de la siguiente:

$$A = \begin{bmatrix} 2 & 2 & 3 \\ 1 & 1 & 1 \\ 2 & 4 & 6 \end{bmatrix}$$

El determinante vale:

$$|A| = 12 + 4 + 12 - 6 - 8 - 12 = 2$$

Los menores complementarios resultan ser:

$$\begin{bmatrix} 1 & 1 \\ 4 & 6 \end{bmatrix}=2 \qquad \begin{bmatrix} 1 & 1 \\ 2 & 6 \end{bmatrix}=4 \qquad \begin{bmatrix} 1 & 1 \\ 2 & 4 \end{bmatrix}=2$$

$$\begin{bmatrix} 2 & 3 \\ 4 & 6 \end{bmatrix}=0 \qquad \begin{bmatrix} 2 & 3 \\ 2 & 6 \end{bmatrix}=6 \qquad \begin{bmatrix} 2 & 2 \\ 2 & 4 \end{bmatrix}=4$$

$$\begin{bmatrix} 2 & 3 \\ 1 & 1 \end{bmatrix}=\text{-}1 \qquad \begin{bmatrix} 2 & 3 \\ 1 & 1 \end{bmatrix}=\text{-}1 \qquad \begin{bmatrix} 2 & 2 \\ 1 & 1 \end{bmatrix}=0$$

Podemos escribir la matriz de los cofactores, para lo cual, previamente, debemos aplicar la regla de los signos de la (1.81):

$$A_{cof} = \begin{bmatrix} 2 & -4 & 2 \\ 0 & 6 & -4 \\ -1 & 1 & 0 \end{bmatrix}$$

Transponemos esta matriz y encontramos la matriz adjunta:

$$A^+ = \begin{bmatrix} 2 & 0 & -1 \\ -4 & 6 & 1 \\ 2 & -4 & 0 \end{bmatrix}$$

Enseguida aplicamos la (1.111):

$$A^{-1} = \frac{A^+}{|A|} = \frac{1}{2} \times \begin{bmatrix} 2 & 0 & -1 \\ -4 & 6 & 1 \\ 2 & -4 & 0 \end{bmatrix} = \begin{bmatrix} 1 & 0 & -0,5 \\ -2 & 3 & 0,5 \\ 1 & -2 & 0 \end{bmatrix}$$

Para verificar si esta es la matriz inversa, basta aplicar la (1.113), que debe resultar la matriz unidad U:

$$A \times A^{-1} = U = \begin{bmatrix} 2 & 2 & 3 \\ 1 & 1 & 1 \\ 2 & 4 & 6 \end{bmatrix} \times \begin{bmatrix} 1 & 0 & -0,5 \\ -2 & 3 & 0,5 \\ 1 & -2 & 0 \end{bmatrix} =$$

$$= \begin{bmatrix} 2-4+3 & 0+6-6 & -1+1+0 \\ 1-2+1 & 0+3-2 & -0,5+0,5+0 \\ 2-8-6 & 0+12-12 & -1+2+0 \end{bmatrix} = \begin{bmatrix} 1 & 0 & 0 \\ 0 & 1 & 0 \\ 0 & 0 & 1 \end{bmatrix}$$

## 1.11. PARTICIÓN DE MATRICES

Para facilitar la resolución de algunos problemas conviene fraccionar las matrices y a esta operación se la llama **partición de matrices**. Veamos con la ayuda de un caso simple, cómo se procede. Tengamos dos matrices de orden **n = 4** y probemos de multiplicarlas, con una partición previa.

$$\begin{bmatrix} a_{11} & a_{12} & a_{13} & a_{14} \\ a_{21} & a_{22} & a_{23} & a_{24} \\ a_{31} & a_{32} & a_{33} & a_{34} \end{bmatrix} = A \qquad \begin{bmatrix} b_{11} & b_{12} & b_{13} \\ b_{21} & b_{22} & b_{23} \\ b_{31} & b_{32} & b_{33} \\ b_{41} & b_{42} & b_{43} \end{bmatrix} = B \qquad (1.117)$$

Procedemos a la partición, tomando los grupos formados por las líneas de puntos que se han marcado, que deberán ser:

$$|A| = \begin{bmatrix} \alpha_{11} & \alpha_{12} \\ \alpha_{21} & \alpha_{22} \end{bmatrix} \qquad |B| = \begin{bmatrix} \beta_{11} & \beta_{12} \\ \beta_{21} & \beta_{22} \end{bmatrix} \qquad (1.118)$$

Los elementos de esta **sub-matrices** son los siguientes:

$$\alpha_{11} = \begin{bmatrix} a_{11} & a_{12} \\ a_{21} & a_{22} \end{bmatrix} ; \alpha_{12} = \begin{bmatrix} a_{13} & a_{14} \\ a_{23} & a_{24} \end{bmatrix} ; \alpha_{21} = \begin{bmatrix} a_{31} & a_{32} \end{bmatrix} ; \alpha_{22} = \begin{bmatrix} a_{33} & a_{34} \end{bmatrix}$$

$$(1.119)$$

$$\beta_{11} = \begin{bmatrix} b_{11} & b_{12} \\ b_{21} & b_{22} \end{bmatrix} ; \beta_{22} = \begin{bmatrix} b_{13} \\ b_{23} \end{bmatrix} ; \beta_{21} = \begin{bmatrix} b_{31} & b_{32} \\ b_{41} & b_{42} \end{bmatrix} ; \beta_{22} = \begin{bmatrix} b_{33} \\ b_{43} \end{bmatrix}$$

$$(1.120)$$

Si deseamos multiplicar las dos matrices, el resultado será:

$$A \times B = \begin{bmatrix} \alpha_{11} & \alpha_{12} \\ \alpha_{21} & \alpha_{22} \end{bmatrix} \times \begin{bmatrix} \beta_{11} & \beta_{12} \\ \beta_{21} & \beta_{22} \end{bmatrix} = \begin{bmatrix} \alpha_{11} \times \beta_{11} + \alpha_{12} \times \beta_{12} & \alpha_{11} \times \beta_{12} + \alpha_{12} \times \beta_{22} \\ \alpha_{21} \times \beta_{11} + \alpha_{22} \times \beta_{12} & \alpha_{21} \times \beta_{12} + \alpha_{22} \times \beta_{22} \end{bmatrix}$$

$$(1.121)$$

## 1.12. APLICACIÓN A LOS CIRCUITOS

Para interpretar cómo las matrices se pueden aplicar en la resolución de circuitos, recurrimos a un ejemplo simple.

### -Ejemplo N° 1.05

Se tiene un circuito eléctrico de potencia compuesto por un generador, un transformador, una línea y otro transformador a la llegada. Se desea conocer la tensión al final de la línea, con los valores que se presentan en el dibujo de la Figura N° 1.02.

Se aplicará el método de la corriente de malla.

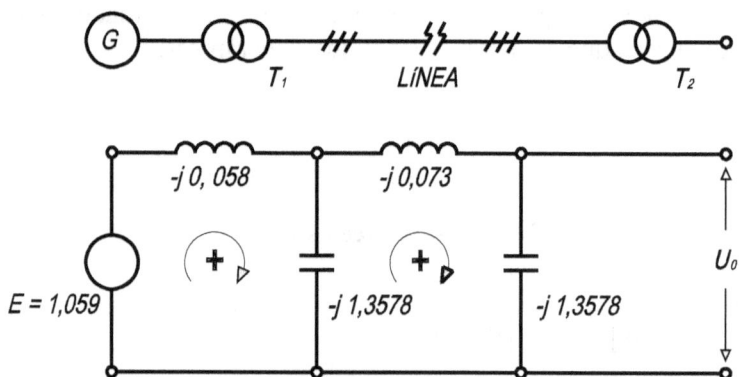

Figura N° 1.02

Tenemos dos mallas a las que aplicamos las correspondientes ecuaciones:

$$\begin{cases} j(0,058-1,3578)\times I_1 - (-j1,3578)\times I_2 = 1,059 \\ -(-j1,3578)\times I_1 + j(0,073-2\times1,3578)\times I_2 = 0 \end{cases}$$

Simplificamos y ordenamos para poder expresar en forma matricial:

Multiplicando ambos miembros por el operador **"j"** tenemos:

$$\begin{cases} -j1,2998 \times I_1 + j1,3578 \times I_2 = 1,059 \\ +j1,3578 \times I_1 - j2,6426 \times I_2 = 0 \end{cases}$$

$$j \times \begin{bmatrix} -1,2998 & +1,3578 \\ +1,3578 & -2,6426 \end{bmatrix} \times \begin{bmatrix} I_1 \\ I_2 \end{bmatrix} = \begin{bmatrix} 1,059 \\ 0 \end{bmatrix}$$

Se trata de una expresión del tipo:

$$Z \times I = E \qquad (V)$$

Para calcular las corrientes debemos despejar **I**, razón por la cual debemos encontrar la matriz inversa de la **Z** para poder obtener:

$$I = Z^{-1} \times E \qquad (A)$$

Procedemos a invertir la matriz **Z**. El determinante vale:

$$\begin{bmatrix} -2,6426 & -1,3578 \\ +1,3578 & -1,2998 \end{bmatrix} = 1,6764$$

La matriz inversa sale fácilmente:

$$A^{-1} = \begin{bmatrix} -\dfrac{2,6426}{1,6764} & -\dfrac{1,3578}{1,6764} \\ -\dfrac{1,3678}{1,6764} & -\dfrac{1,2998}{1,6764} \end{bmatrix} = \begin{bmatrix} -1,5793 & -0,8099 \\ -1,3578 & -0,7753 \end{bmatrix}$$

$$\begin{bmatrix} I_1 \\ I_2 \end{bmatrix} = \begin{bmatrix} -1,5793 & -0,8099 \\ -0,8099 & -0,7753 \end{bmatrix} \times \begin{bmatrix} -j1,059 \\ 0 \end{bmatrix}$$

Haciendo las operaciones:

$$I_1 = j1,67 \text{ A}$$

$$I_2 = j0,85 \text{ A}$$

La tensión final del circuito, por la Ley de Ohm será:

$$U_0 = -j1,3678 \times j0,85 = 1,154 \text{ V}$$

Barras de 500 kV

Línea pre-ensamblada de media tensión

Línea aérea de doble terna en 220 kV

Conexión de un transformador MT/BT

# CAPÍTULO 2

# CIRCUITOS DE POTENCIA

## 2.01. INTRODUCCIÓN

La generación y distribución de la energía eléctrica se lleva a cabo utilizando sistemas trifásicos, en consecuencia se hace necesario analizar cómo se comportan los circuitos por donde circulan las corrientes trifásicas a partir de la primera hasta los distintos tipos de consumos, de acuerdo con los niveles de tensión que se emplean, los cuales, a su vez, imponen las formas constructivas de las canalizaciones.

## 2.02. FORMACIÓN DE UN CONJUNTO TRIFÁSICO

Los circuitos empleados en los sistemas eléctricos de potencia son –casi exclusivamente– circuitos trifásicos. Al emplear energía es posible encontrar circuitos monofásicos, pero derivados de circuitos trifásicos.

Si deseamos una definición podemos decir:

***CONJUNTO TRIFÁSICO: es un circuito compuesto por tres corrientes monofásicas, adecuadamente vinculadas.***

En la Figura N° 2.01 (ver página siguiente) mostramos la idea. Cada **fase** –o sea, cada corriente monofásica componente– alimenta una impedancia y forma un **circuito monofásico** al cual son aplicables las leyes estudiadas en los cursos de Electrotecnia.

En el dibujo se pueden identificar las tres corrientes $I_a$, $I_b$, e $I_c$ de cada fase. Nótese que hemos empleado los subíndices **a, b y c** en vez de **R, S y T** que son habituales, porque en la bibliografía actual de esta disciplina es común adoptar esta forma de identificación de las fases.

## ENERGÍA ELÉCTRICA

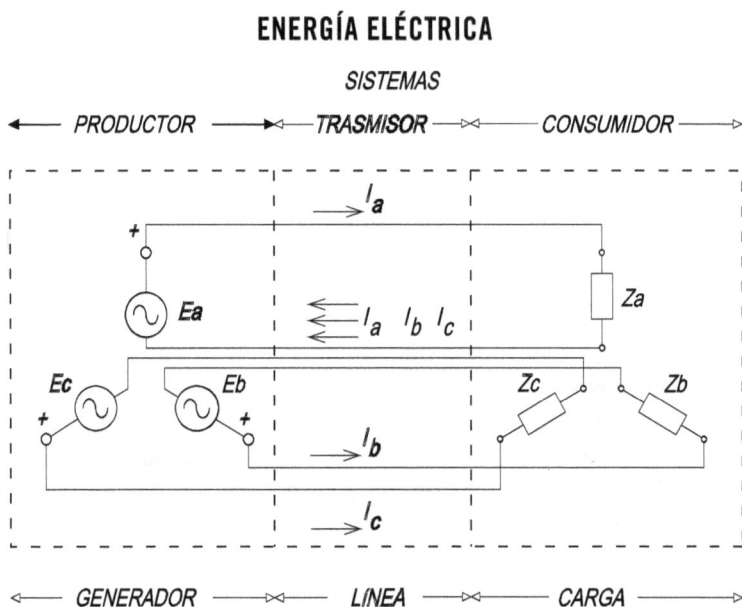

Figura Nº 2.01

Un sistema trifásico de potencia está compuesto por un **sistema productor**, que son los alternadores trifásicos comunes de las centrales eléctricas, el que mediante una línea que es el **sistema transmisor**, alcanza las cargas que constituyen el **sistema consumidor** de impedancias $Z_a$, $Z_b$ y $Z_c$. Tomando el generador, a cada fase la podemos representar conforme el simbolismo de la Figura Nº 2.02, ya que interiormente tenemos una fuerza electromotriz y una impedancia interior. Vale decir a cada fase del generador la podemos considerar como compuesta por el grupo de **E y $Z_s$**. A la impedancia interior $Z_s$ se la conoce como la **impedancia sincrónica**. Debido a que en las aplicaciones prácticas suele no tomarse en consideración la parte resistiva de la impedancia sincrónica por ser de valor muy bajo, finalmente en la parte derecha de la Figura Nº 2.02 consideramos al **circuito equivalente** de una fase del generador constituido por una **fuerza electromotriz E** y una **reactancia sincrónica** $X_s$. De aquí en adelante procuraremos emplear este modelo, salvo casos particulares.

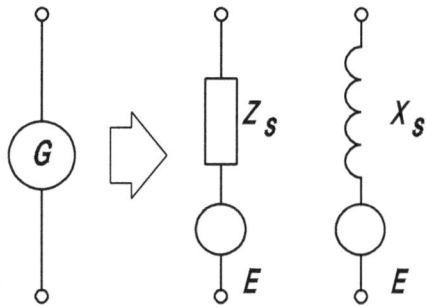

Cada fase del generador produce una fuerza electromotriz que identificamos con $E_a$, $E_b$ y $E_c$. Si la carga es nula (ausencia de corriente), la tensión en los

Figura N° 2.02

bornes de cada fase será igual a esa tensión. Para el caso general de una tensión alterna sinusoidal podemos expresar mediante

$$u = \sqrt{2} \times U \times sen \; \omega t \qquad\qquad (2.01)$$

Expresión en la que podemos identificar:

**u** = valor instantáneo de la función

**U** = valor eficaz de la función

$\sqrt{2}$ **U** = valor máximo de la función

$\omega$ = pulsación =**2f**

**f** =frecuencia

**t** = tiempo, variable independiente

Conforme la figura N° 2.01, tenemos tres fuerzas electromotrices, por lo que la manifestación de un sistema trifásico se logrará aplicando tres veces la (2.01) pero cuidando de indicar que no son concordantes en el tiempo. Además, por razones de simplicidad, tomaremos las fuerzas electromotrices iguales a las tensiones en bornes, como si cada fase del generador estuviese trabajando a vacío, es decir sin carga.

$$u_a = \sqrt{2} \times U_a \times sen \; \omega t \qquad (e_a = u_a) \qquad (2.02)$$

$$u_b = \sqrt{2} \times U_b \times sen \; (\omega t - 120) \qquad (e_b = u_b) \qquad (2.03)$$

$$u_c = \sqrt{2} \times U_c \times sen \; (\omega t - 240) \qquad (e_c = u_c) \qquad (2.04)$$

En un generador en buen estado de funcionamiento se cumple que $U_a=U_b=U_c=U$ y por lo tanto, tomaremos en la mayor parte de los casos:

$$u_a = \sqrt{2} \times U \times sen\ \omega t \qquad (2.05)$$

$$u_b = \sqrt{2} \times U \times sen\ (\omega t - 120) \qquad (2.06)$$

$$u_c = \sqrt{2} \times U \times sen\ (\omega t - 240) \qquad (2.07)$$

como la expresión matemática de un sistema generador trifásico.

Si ahora observamos la figura N° 2.01 vamos a advertir que cada fase del generador alimenta a una impedancia independiente y cada circuito podría actuar independientemente como si fuese monofásico. Pero notemos muy particularmente que los conductores que componen los retornos de las cargas hacia el generador bien podrían ser reemplazados por un solo conductor que fuese portador de las tres corrientes conjuntamente. Esto no ocasiona ningún inconveniente y lo vemos esquematizado en la figura N° 2.03. La red que debiera ser en principio seis conductores, se reduce a solo cuatro.

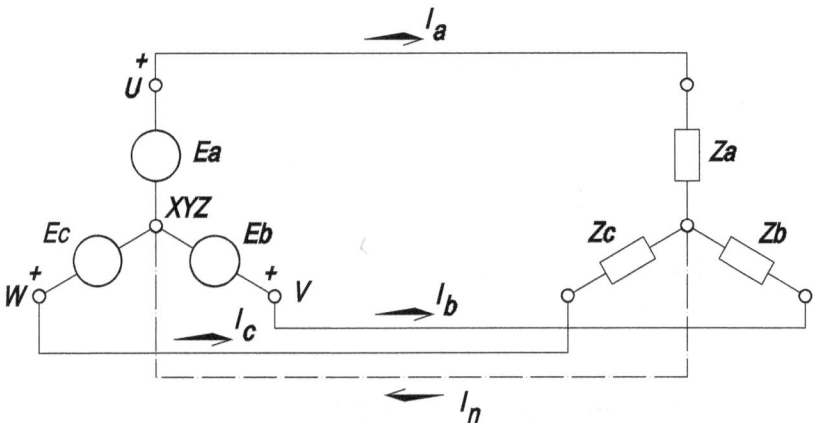

Figura 2.03

Los terminales del generador están señalados con las letras normalizadas, que son **U V W** para los **principios de fase** y **X, Y, Z** para los

**finales de fase**. Al conductor que empalma el encuentro de las tres impedancias de carga $Z_a$, $Z_b$, $Z_c$ con el encuentro de los finales de fase del generador se lo denomina **neutro** y por él circula la corriente suma de las tres parciales que marcamos con $I_n$. En gran cantidad de casos el neutro se conecta a la masa terrestre en la zona de la instalación. Como el potencial de la tierra es convencionalmente nulo, confiere ese potencial al neutro de la instalación en los casos de existir esa conexión.

## 2.03. SISTEMAS TRIFÁSICOS PERFECTOS

En la figura N° 2.04 hemos tomado el generador de la parte de la izquierda de la figura N° 2.05 y mostramos cómo a partir del mismo se forma una **red tetrafilar trifásica**. Si no se emplea el neutro –como suele ocurrir en muchas redes de energía– la red tetrafilar se convierte en una **red trifilar trifásica** en la que existen los polos vivos **R S T** pero no en el **polo Neutro** o **tierra**. Si ahora nos fijamos en las ecuaciones del grupo (2.05-2.07) que representan al conjunto trifásico, podemos advertir que son funciones del tiempo fácilmente representables por medio de sinusoides como mostramos en la figura N° 2.05. Cada onda está desplazada de la otra en 120° eléctricos, o sea 120° según las convenciones que se emplean en el estudio de las máquinas eléctricas para representar los bobinados. Sabemos que las ondas generadas por los alternadores sincrónicos trifásicos no son rigurosamente sinusoidales, sino ondas poliarmónicas con un ligero contenido de tercera armónica.

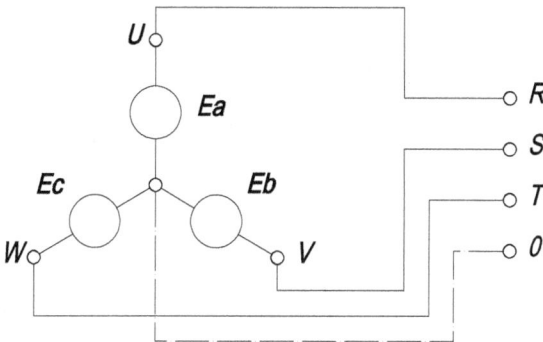

Figura N° 2.04

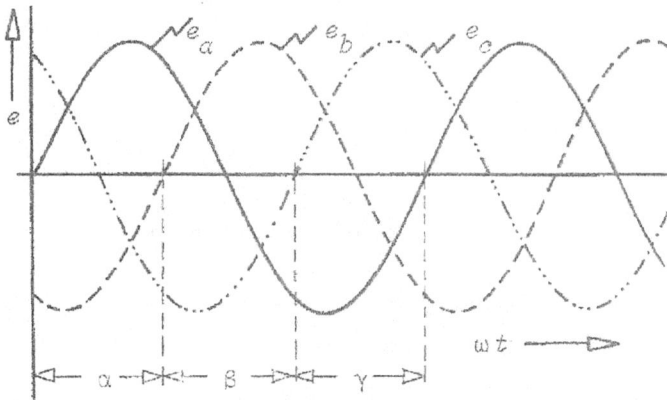

**Figura N° 2.05**

Pero en estos estudios en donde la energía es el factor preponderante, la habremos de considerar sinusoidales en la mayor parte de los casos.

Conforme todo lo que se estudia en la teoría de los circuitos eléctricos, es posible representar a cada sinusoide por medio de un **vector armónico** que gira en sentido antihorario con velocidad angular constante igual a la pulsación $\omega$. A tales vectores giratorios se los conoce también con la denominación de **fasores** representativos de las tres ondas de la figura N° 2.05.

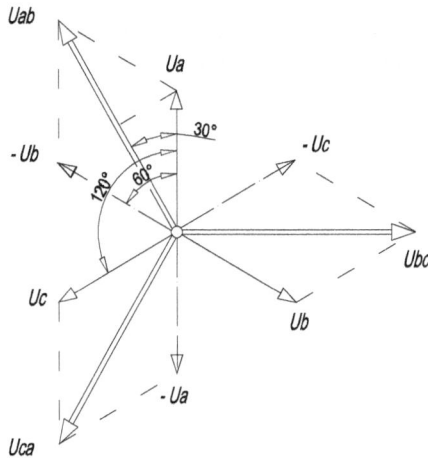

**Figura N° 2.06**

Antes de continuar con otros asuntos busquemos reunir un grupo de expresiones, conceptos que luego se emplean en la teoría de los sistemas eléctricos de potencia.

SISTEMA EQUILIBRADO $\quad U_a + U_b + U_c = 0$ (2.08)

SISTEMA PROPIO $\quad\quad\quad \alpha = \beta = \gamma = 120°$ (2.09)

SISTEMA REGULAR $\quad\quad |U_a| = |U_b| = |U_c|$ (2.10)

Sin mayor explicación surge que:

*SISTEMA TRIFÁSICO PERFECTO: es todo sistema trifásico que cumple simultáneamente las condiciones de regular y propio*

En base a esto se puede afirmar también lo que sigue:

*Todo sistema perfecto es equilibrado*

Los tres fasores de la figura N° 2.06 que denominamos $U_a$, $U_b$, $U_c$ reciben el conocido nombre de **tensiones de fase** o **tensiones simples**. Si repasamos lo aprendido en los cursos de electrotecnia recordaremos que existen también las **tensiones de línea** o **tensiones compuestas**, y ahora nos proponemos estudiarlas en forma conjunta por medio de sus fasores.

Comenzamos por escribir las tensiones existentes entre cada polo vivo de la figura N° 2.04 y el neutro del sistema, mediante la representación polar y la representación cartesiana en el grupo de ecuaciones que siguen:

$$U_a = U \underline{|90°} = U(0 + j)$$ (2.11)

$$U_b = U \underline{|330°} = U(\frac{\sqrt{3}}{2} + j\frac{1}{2})$$ (2.12)

$$U_c = U \underline{|210°} = U(-\frac{\sqrt{3}}{2} - j\frac{1}{2})$$ (2.13)

Se puede verificar fácilmente que:

$$U_a + U_b + U_c = 0$$ (2.14)

Como hemos dicho más arriba, estas son las tensiones que aparecen entre cada polo vivo de la red y el neutro de la misma. Las tensiones que aparecerán entre cada uno de los polos vivos de esa misma red responderán a las diferencias siguientes:

$$U_{ab} = U_a - U_b \tag{2.15}$$

$$U_{bc} = U_b - U_c \tag{2.16}$$

$$U_{ca} = U_c - U_a \tag{2.17}$$

Estas relaciones tienen su lógica si repasando la figura N° 2.03 apreciamos que en el punto neutro central se encuentran los "finales" de cada fase. La tensión que aparecerá entre polos vivos se deberá obtener "restando" a una tensión de fase, otra de fase que le corresponda.

Esto es lo hecho en el grupo de ecuaciones (2.15-17). Repasando la figura N° 2.06 podemos volver a escribir la (2.15):

$$U_{ab} = U_a + (-U_b) = U_a - U_b \tag{2.18}$$

Volviendo otra vez a la figura N° 2.06, parte superior izquierda, por simple trigonometría es fácil deducir:

$$U_{ab} = 2 \times U_a \times \cos 30° = 2 \times U_a \times \frac{\sqrt{3}}{2} = \sqrt{3} \times U_a \tag{2.19}$$

En general, para este tipo de circuito, se cumple que las tensiones de línea son $\sqrt{3}$ veces las tensiones de fase:

$$U_L = \sqrt{3} \times U_f \tag{2.20}$$

Los subíndices **L y f** ahora empleados, se eliminarán en las aplicaciones corrientes, cuando haya lugar a duda.

Expresando las tensiones de línea de la figura N° 2.06 en forma polar nos sale:

$$U_{ab} = \sqrt{3} \times U \,\underline{|120°} \qquad\qquad (2.21)$$

$$U_{bc} = \sqrt{3} \times U \,\underline{|0°} \qquad\qquad (2.22)$$

$$U_{ca} = \sqrt{3} \times U \,\underline{|240°} \qquad\qquad (2.23)$$

Los fasores de las ecuaciones del grupo (2.21-23) están representados en la figura N° 2.06 con sus posiciones relativas. Las tres tensiones de fase expresadas a través del grupo (2.11-13) y las tres tensiones de línea manifestadas a través del grupo (2.21-23), constituyen las seis tensiones disponibles en una red trifásica de tipo tetrafilar.

## 2.04. TENSIONES Y FRECUENCIAS DE SERVICIO

En los últimos años se han incrementado considerablemente las tensiones en las redes de transporte de la energía eléctrica. Para el paso de un nivel a otro más elevado de tensión se hizo necesario resolver el problema de investigación y desarrollo bastante complejos, estrechamente ligados a la concepción económica de la explotación del servicio eléctrico. Los aumentos en los valores de las tensiones han debido marchar paralelos a los progresos en la calidad de las aislaciones y al proyecto estructural de las instalaciones. Equipos de nueva concepción han sido lanzados al mercado. La tendencia actual nos señala marcadamente el uso de componentes normalizados y para ser así, se han hecho menester emplear una gama de tensiones normalizada que permitan un diseño más económico:

También debe decirse que el constante aumento del consumo de la energía eléctrica, para satisfacer las necesidades industriales y para elevar la calidad de vida, hace necesario una continua expansión de las redes y de la potencia instalada. Un incremento anual acumulado del orden de 7% en la demanda de la energía eléctrica, hace necesario una duplicación del parque generador cada diez años. Como una importante cantidad de energía se emplea en los grandes centros urbanos, por lo general alejados de los centros generadores de tipo hidroeléctrico, la transmisión de energía a grandes distancias se ha convertido en un problema corriente, como también se ha hecho necesario construir redes complejas también de muy alta tensión.

Para apreciar numéricamente la necesidad del empleo de las muy altas tensiones digamos, a título de ejemplo, que para transportar una potencia del orden de los 2 000 megawatt a una distancia de 400 kilómetros, se podrían necesitar unas 40 líneas de 132 kV, unas 15 de 220 kilovolt o 1 sola de 700 kilovolt. Esto explica la necesidad de elevar la tensión de transporte a medida que crece la potencia y las distancia a transmitir.

La tensión en las redes eléctricas no permanece constante durante la operación des sistema, sino que varía acorde con las contingencias del servicio. Pero esa variación debe mantenerse dentro de ciertos límites o **tolerancia**, para no perjudicar las aislaciones. Por estas razones los equipos eléctricos se construyen para una **tensión nominal $U_n$** y una **tensión máxima de operación $U_{cm}$**. Los dos valores se entienden **entre fase y fase**, vale decir nos estamos refiriendo siempre a la **tensión de línea** o **tensión compuesta**. Estos valores se han normalizado en el campo internacional, aunque las series difieren de un país a otro. Por ejemplo, en los Estados Unidos de Norteamérica los valores han sido normalizados por el Institute of Electrical and Electronics Engineers, conocido por la sigla IEEE. Los transcribimos porque son una buena referencia para delimitar los diversos niveles de los que se habla.

| Baja tensión [kV] | Media tensión [kV] | Alta tensión [kV] | Extra alta tensión [kV] |
|---|---|---|---|
| 120/240 monofásica | 2,40 | 115 | 345 |
| 208 | 4,16 | 138 | 500 |
| 240 | 4,80 | 161 | 765 |
| 480 | 6,89 | 230 | |
| 600 | 12,47 | | |
| | 13,20 | | |
| | 13,80 | | |
| | 23,00 | | |
| | 24,94 | | |
| | 34,50 | | |
| | 46,00 | | |
| | 69,00 | | |

Para formarnos una idea sobre la relación que guardan los valores de las tensiones nominales y máximas, tomemos algunos casos de la lista anterior:

| Un [kV] | Umx [kV] |
|---------|----------|
| 138     | 145      |
| 230     | 245      |
| 345     | 362      |
| 500     | 525      |

El Comité Electrotécnico Internacional (IEC) ha sugerido la utilización de unos pocos valores en las muy altas tensiones, que son:

380/420 kV; 500/525 kV; 700/765 kV

En lo referente a las frecuencias empleadas, al principio las frecuencias se ajustaban a cada caso particular. Hubo frecuencias de 125 hertz y de 133 hertz en varios países. En la República Argentina se comenzó con 50 hertz, aunque se tuvieron casos de $16^{2/3}$ de hertz en redes particulares. Los constructores de transformadores prefirieron las frecuencias más altas para lograr menos pérdidas en el hierro y los constructores de maquinarias rotativas prefirieron las frecuencias más bajas, que al necesitar menor velocidad, ocasionan esfuerzos más bajos en los órganos rotativos. Finalmente digamos que en los Estados Unidos de Norteamérica se adoptó la frecuencia de 60 Hz. En las líneas de transmisión, la frecuencia de 50 Hz presenta algunas ventajas.

### -Ejemplo N° 2.01

Calculemos las tensiones de línea y de fase en las redes más comunes de uso en la República Argentina.

-Redes de BT para distribución domiciliaria ($3\times 380/220$ V)

Tensión de fase que toma el cliente para Iluminación: 220 V

Tensión de línea que se toma para fuerza motriz: $220 \text{ V} \times \sqrt{3} = 380 \text{ V}$

-Redes de BT para distribución domiciliaria $(3\times 220$ V)

Tensión de línea que toma el cliente para Iluminación: 220 V

Tensión de línea que se toma para fuerza motriz: 220 V

Tensión entre polo vivo y tierra: $\dfrac{220\ V}{\sqrt{3}} = 127$ V

-Redes de MT para distribución $(3\times 13,2$ kV)

Tensión de línea que toma el cliente (o la subestación) 13,2 kV

Tensión de fase: $\dfrac{13,2\ kV}{\sqrt{3}} = 7,6$ kV

-Redes de MT para distribución $(3\times 33$ kV)

Tensión de línea que toma el cliente (o la subestación) 33 kV

Tensión de fase: $\dfrac{33\ kV}{\sqrt{3}} = 19$ kV

-Redes de AT para transmisión $(3\times 66$ kV)

Tensión de línea: 66 kV

Tensión de fase: $\dfrac{66\ kV}{\sqrt{3}} = 38,1$ kV

-Redes de AT para transmisión $(3\times 132$ kV)

Tensión de línea: 132 kV

Tensión de fase: $\dfrac{132\ kV}{\sqrt{3}} = 76,2$ kV

-Redes de AT para transmisión $(3\times 220$ kV)

Tensión de línea: 220 kV

Tensión de fase: $\dfrac{220\ kV}{\sqrt{3}} = 127$ kV

-Redes de Extra AT para transmisión $(3\times345\ kV)$

Tensión de línea: 345 kV

Tensión de fase: $\dfrac{345\ kV}{\sqrt{3}} = 199\ kV$

-Redes de Extra AT para transmisión $(3\times500\ kV)$

Tensión de línea: 500 kV

## 2.05. SECUENCIA

Volviendo a la figura N° 2.06 tenemos de ella la terna $U_a=E_a$ $U_b=E_b\ U_c=E_c$ y la dibujamos en la figura 2.07.

También aparecen los ángulos α β γ que habíamos mostrado en la figura N° 2.05. Los fasores giran en el sentido antihorario de pulsación ω. Los fasores representativos de las tensiones de las tres fases **se suceden en el**

### Secuencia positiva

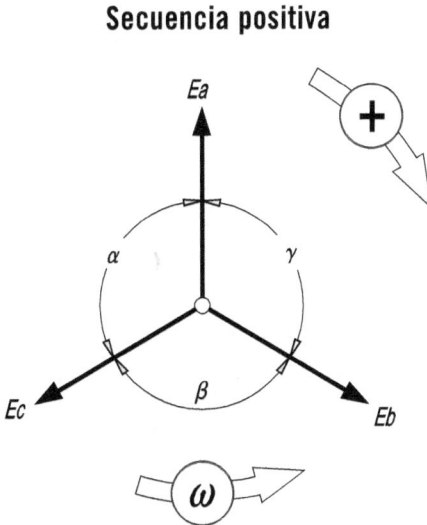

**Figura N° 2.07**

**orden a, b, c.** Esto equivale a decir que un observador, detenido para ver el paso de los fasores que giran, los ve pasar en el orden **a, b, c**.

En la figura N° 2.08 siguiente se dibujó otra terna, pero ordenada en forma tal que los fasores ahora se suceden en el orden **a, b, c**. Nótese que en ambos casos el sentido de giro de estos vectores armónicos es el mismo ω, pero el orden de sucesión de los fasores es distinto.

## Secuencia NEGATIVA

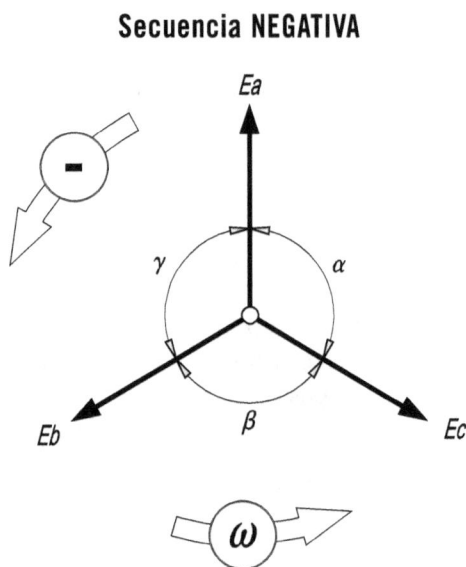

**Figura N° 2.08**

Por lo tanto, podemos definir:

*SECUENCIA: es el orden en que se suceden las fases*
*en un sistema trifásico*

Se dice que la secuencia es **positiva** cuando concuerda con el sentido de giro de las agujas del reloj y **negativa** en caso contrario.

En las figuras N° 2.07 y 2.08 mostramos a la secuencia con una flecha ancha. Este concepto es muy importante en los estudios de circuitos trifásicos desequilibrados, como veremos al tratar la teoría de las componentes simétricas.

## 2.06. CARGAS EN ESTRELLA EQUILIBRADA

Si retornamos a la figura N° 2.03 podemos volver a dibujar el esquema de conexiones como mostramos en la figura N° 2.09. Es más sencillo para razonamientos futuros.

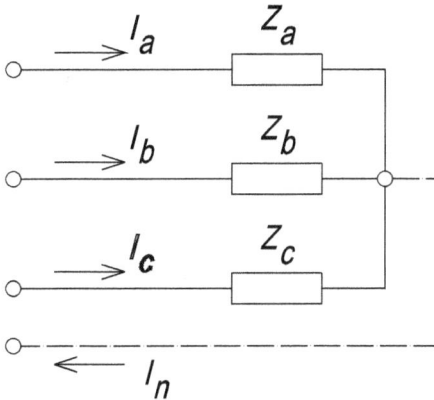

Figura N° 2.09

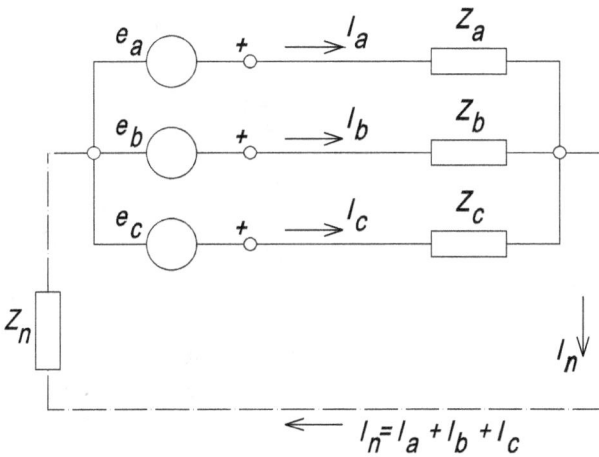

Figura N° 2.10

En la figura N° 2.10 volvemos a lo mismo, incluyendo a los generadores, para apreciar al circuito en su totalidad.

Por el momento, nuestro estudio se va a circunscribir al caso de la estrella equilibrada, lo que equivale a fijar la siguiente condición con las tres cargas:

$$Z_a = Z_b = Z_c = Z = |Z| \underline{|\varphi}$$

$$(2.24)$$

Después discutiremos hasta qué punto es totalmente cierto y cuáles son los márgenes de aparatamiento de esa afirmación. Pero para avanzar en nuestro razonamiento acudamos a la misma figura N° 2.10, pero más completa desde el punto de vista de los circuitos eléctricos de potencia, en la figura N° 2.11.

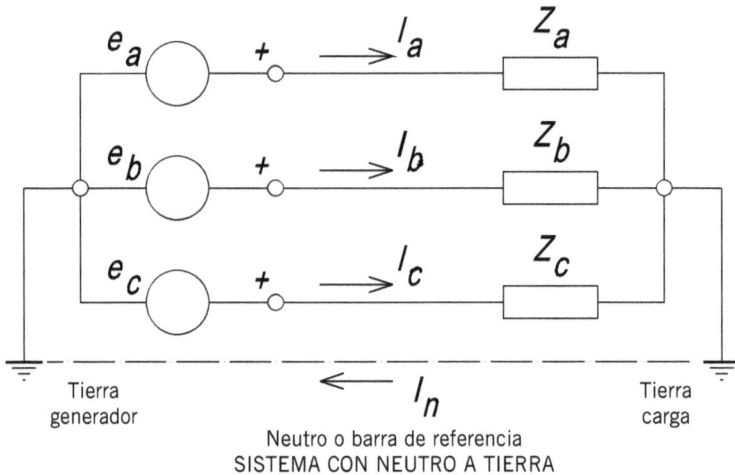

Tierra generador

Tierra carga

$I_n$

Neutro o barra de referencia
SISTEMA CON NEUTRO A TIERRA

**Figura N° 2.11**

Notamos que tanto el lado generador como el lado carga, tienen sus puntos neutros conectados a tierra, y que el mismo terreno actúa como cuarto conductor de retorno para la corriente de neutro **In**. Esta aseveración con todas las limitaciones que podamos establecer, es útil para seguir los razonamientos de este capítulo. Las tres corrientes de cada polo vivo se pueden calcular fácilmente con la ayuda del grupo de ecuaciones (2.11-13):

$$I_a = \frac{U_a}{Z_a} = \frac{|U|}{|Z|}\underline{|90° - \varphi} = |I|\underline{|90° - \varphi} \qquad (2.25)$$

$$I_b = \frac{U_b}{Z_b} = \frac{|U|}{|Z|}\underline{|330° - \varphi} = |I|\underline{|330° - \varphi} \qquad (2.26)$$

$$I_c = \frac{U_c}{Z_c} = \frac{|U|}{|Z|}\underline{|210° - \varphi} = |I|\underline{|210° - \varphi} \qquad (2.27)$$

Si aplicamos la regla de Kirchhoff a cualquiera de los dos puntos neutros de la figura N° 2.11, podemos afirmar que:

$$I_a + I_b + I_c + I_n = 0 \qquad (2.28)$$

Si hacemos la suma –tanto analítica como gráficamente– deducimos que:

$$I_n = 0 \qquad (2.29)$$

Es evidente que el sistema de fasores $I_a$, $I_b$, $I_c$ constituye **un sistema perfecto y de resultante nula**. Como consecuencia de esto último, si se empalma el neutro de las cargas y el neutro del generador, la corriente que habría de circular, sería necesariamente nula.

En la figura N° 2.12 reunimos a todos los fasores de tensión e intensidad. En parte ya lo habíamos hecho de la figura N° 2.06, pero ahora le agregamos las corrientes. Cada fase tiene una corriente que atrasa ω de su correspondiente tensión y la suma de las corrientes $I_a$, $I_b$, $I_c$ es nula

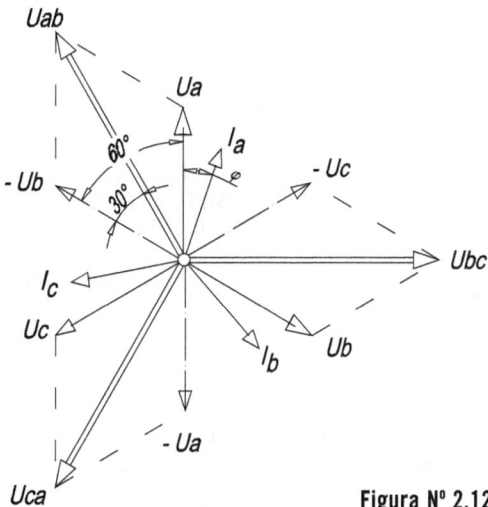

Figura N° 2.12

61

porque son de igual módulo e igualmente desplazadas. Resumiendo, en la conexión **estrella equilibrada** tenemos:

Corriente de línea = corriente de fase: $I = I_f$
Tensión de línea = tensión de fase: $U = U_f$
Corriente en el neutro nula: $I = 0$

En todos estos razonamientos estamos admitiendo sin discusión que se cumpla la (2.24) y la (2.29). Pero no en todos los casos es así y lo estudiaremos en el momento oportuno. Es por ello que no todas las instalaciones tienen sus neutros rígidamente conectados a tierra, como indicamos en la figura N° 2.11, y también se usa empalmar el neutro de generador a tierra por medio de una impedancia, como se enseña en la figura N° 2.13.

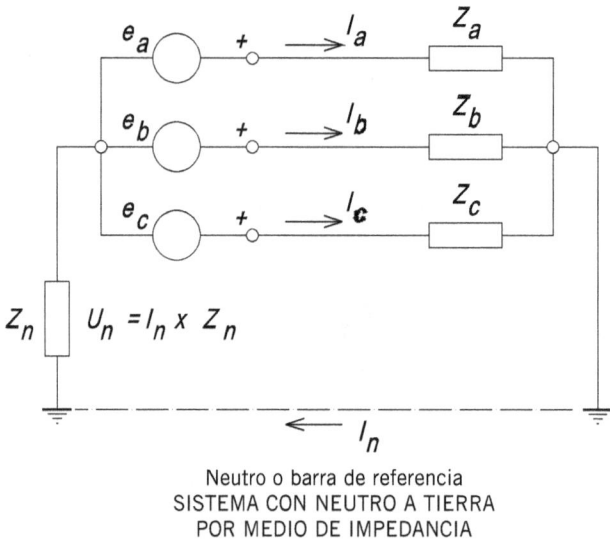

Neutro o barra de referencia
SISTEMA CON NEUTRO A TIERRA
POR MEDIO DE IMPEDANCIA

**Figura N° 2.13**

En este caso, si por el neutro circula alguna corriente producto del desequilibrio, esta ocasiona una caída de tensión $U_n = I_n \times Z_n$ que cambia muchos de los aspectos de funcionamiento de toda la instalación. La impedancia de puesta a tierra $Z_n$ limita los efectos de una falla en la línea y esa es su razón de ser. Más adelante se volverá sobre esto.

## -Ejemplo N° 2.2

Sobre una red común tetrafilar para distribución domiciliaria como la de la figura 06 de 3x380/220 V, se conectan en estrella tres impedancias iguales de valor Z=3+j 4 ω. Se desea calcular las corrientes de línea y del neutro.

$$Z_a = Z_b = Z_c = 3 + j4 = 5 \, \underline{|53,13°}$$

La corriente en cada línea es igual a la corriente en cada impedancia de carga y las tres son iguales, por lo que tenemos:

$$I = I_f = \frac{220 \text{ V}}{5 \, \Omega} = 44 A \text{ (valor Absoluto o modulo)}$$

Tomando fasores con sus direcciones, conforme fig. N° 2.12, repetimos en forma más completa el cálculo de cada una de las corrientes de fase:

$$Z_a = 5 \, \underline{|53,13°}$$

$$Z_b = 5 \, \underline{|53,13°}$$

$$Z_c = 5 \, \underline{|53,13°}$$

Las corrientes, expresadas en forma completa resultan:

$$\bar{I}_a = \frac{U_a}{Z_a} = \frac{220 \, \underline{|90°}}{5 \, \underline{|53,13°}} = 44 \, \underline{|36,87°} = 35,40 + j26,40$$

$$\bar{I}_b = \frac{U_b}{Z_b} = \frac{220 \, \underline{|330°}}{5 \, \underline{|53,13°}} = 44 \, \underline{|276,87°} = 5,26 - j43,68$$

$$\bar{I}_c = \frac{U_c}{Z_c} = \frac{220 \, \underline{|210°}}{5 \, \underline{|53,13°}} = 44 \, \underline{|156,87°} = -40,46 + j17,28$$

Es fácil la verificación de la ecuación (2.28) o (2.39):

$$\bar{I}_a + \bar{I}_b + \bar{I}_c = (35,40 + 5,26 - 40,46) + j(26,40 - 43,68 + 17,28) = 0$$

La suma de las corrientes de línea (o de fase en las cargas) resulta cero. Esto es correcto ya que se trata de un sistema de cargas de naturaleza perfecta aplicadas a una red también perfecta, por lo que la corriente del neutro es nula.

## 2.07. CARGAS EN TRIÁNGULO EQUILIBRADO

Las tres impedancias que forman una carga también es posible conectarlas en triángulo, como muestra la figura N° 2.14. La diferencia sobresaliente entre la conexión estrella de la figura N° 2.09 y el triángulo que ahora tratamos, es la tensión que resulta aplicada a cada una de las cargas. En la estrella, cada impedancia resultaba aplicada a la tensión de fase mientras que en la triángulo cada impedancia quede sometida a la tensión de fase.

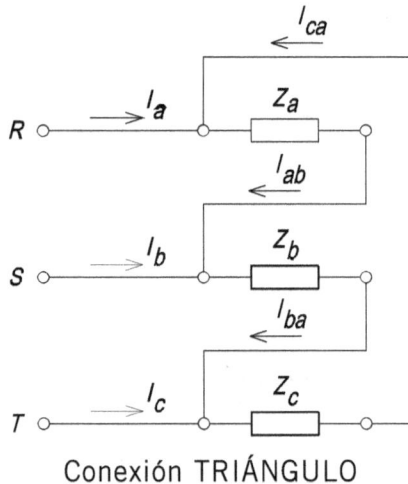

Conexión TRIÁNGULO

**Figura N° 2.14**

Nótese muy particularmente que en este tipo de conexión el neutro de la red no interviene, es decir no se emplea aunque exista. Las tres impedancias se pueden expresar igualmente como señalamos en la (2.24), pero ahora cada una de ellas de aplica a cada una de las tensiones del grupo de ecuaciones (2.21-23) y por lo tanto las corrientes de cada carga se manifiestan por medio de:

$$I_{ab} = \frac{U_{ab}}{Z_a} = \frac{|U|}{|Z|}\big|\underline{120° - \varphi}\ = |I|\big|\underline{120° - \varphi} \qquad (2.30)$$

$$I_{bc} = \frac{U_{bc}}{Z_b} = \frac{|U|}{|Z|}\big|\underline{0° - \varphi}\ = |I|\big|\underline{0° - \varphi} \qquad (2.31)$$

$$I_{ca} = \frac{U_{ca}}{Z_c} = \frac{|U|}{|Z|}\big|\underline{240° - \varphi}\ = |I|\big|\underline{240° - \varphi} \qquad (2.32)$$

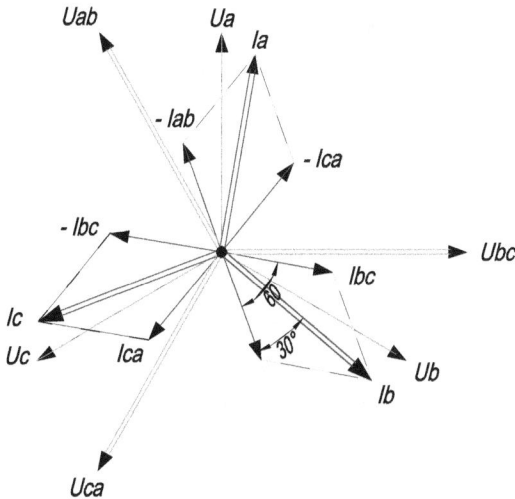

Figura N° 2.15

Como cada impedancia de carga queda sometida a la tensión de línea, cada impedancia toma su corriente expresada por el grupo anterior (2.30-32). Pero en los empalmes entre ellas se reúnen esas corrientes para formar las corrientes de línea $I_a$, $I_b$, $I_c$. Estas sumas se hacen como muestra la figura N° 2.15 con sus fasores y los signos tomados responden a la regla de Kirchhof y los valores instantáneos de esas corrientes en forma relativa a la forma en que suceden en el tiempo. Las corrientes de línea tienen entonces los valores que se mantienen en el siguiente grupo:

$$I_a = I_{ab} - I_{bc} = I_{ab} + I_{cb} \qquad (2.33)$$

$$I_b = I_{bc} - I_{ab} = I_{bc} + I_{ba} \qquad (2.34)$$

$$I_c = I_{ca} - I_{bc} = I_{ca} + I_{ca} \qquad (2.35)$$

Como la terna de las corrientes dentro del sistema formado por las tres cargas $\mathbf{I_{ab}}$, $\mathbf{I_{bc}}$, $\mathbf{I_{ca}}$ constituyen un sistema perfecto, la terna de las corrientes de línea $\mathbf{Ia}$, $\mathbf{Ib}$, $\mathbf{Ic}$ también lo será. Nótese muy particularmente la analogía que existe entre el grupo de ecuaciones (2.33-35) y el grupo (2.15-18). Sucede aquí algo análogo con las corrientes a lo que sucede con las tensiones en la estrella. Es así que sin mayor demostración se puede afirmar que hay entre las corrientes de línea y de fase una relación similar a la de las tensiones manifestada por la ecuación (2.20) y podemos establecer:

$$I_L = \sqrt{3} \times I_f \qquad (2.36)$$

Resumiendo como hicimos para la estrella, en la conexión triángulo equilibrado tenemos:

Corriente de línea = $\sqrt{3}$ corriente de fase    $\mathbf{I = I_f}$
Tensión de línea = Tensión de fase    $\mathbf{U = U_f}$
Corriente en el neutro = No existe    $\mathbf{In = 0}$

### -Ejemplo N° 2.03

Sobre una red de media tensión para distribución de energía como la figura N° 2.04, sin el neutro, de 3 x 13 200 V (red de 13,2 kV), se conectan en triángulo tres impedancias iguales de valor de:

$Z_f$= 3+j4 ohm. Se desea conocer el valor de todas las corrientes presentes.

$$Z_{ab} = Z_{bc} = Z_{ca} = 3 + j4 = 5 \; \underline{|53,13°}$$

La corriente en cada impedancia interna del triángulo vale:

$$I_f = \frac{13.200 \ V}{5 \ \Omega} = 2.640 \ A \ \text{(valor absoluto o modulo)}$$

Como sabemos por la ecuación (2.36) la relación entre corriente de fase y de línea, podemos determinar:

$$I_f = \sqrt{3} \times I_f = \sqrt{3} \times 2.640 \ A = 4.572,61 \ A \cong 4.572 \ A$$

Al mismo resultado se puede llegar por un camino más elaborado:

$$I_{ab} = \frac{U_{ab}}{Z_{ab}} = \frac{13.200 \ \underline{|120°}}{5 \ \underline{|53,13°}} = 2.640 \ \underline{|66,87°} = 1.037,04 + j2.427,79$$

$$I_{bc} = \frac{U_{bc}}{Z_{bc}} = \frac{13.200 \ \underline{|0°}}{5 \ \underline{|53,13°}} = 2.640 \ \underline{|-53,13°} = 1.583,27 - j2.112,00$$

$$I_{ca} = \frac{U_{ca}}{Z_{ca}} = \frac{13.200 \ \underline{|240°}}{5 \ \underline{|53,13°}} = 2.640 \ \underline{|186,87°} = -2.621,05 - j315,79$$

Los calores de las corrientes de línea resultan:

$$I_a = I_{ab} - I_{ca} = +3.658,09 + j2.743,58 = 4.572,62 \ \underline{|36,87°}$$

$$I_b = I_{bc} - I_{ab} = +546,23 - j4.539,79 = 4.572,53 \ \underline{|276,87°}$$

$$I_a = I_{ca} - I_{bc} = -4.204,32 + j1.796,21 = 4.571,94 \ \underline{|203,13°}$$

## 2.08. EQUILIBRIO DE LOS SISTEMAS

En la mayor parte de los problemas en los sistemas eléctricos de potencia, es posible considerar a las cargas como conectadas en estrella. En caso de no ser así, por medio de la conocida transformación que se estudia en los cursos de Electrotecnia, es siempre posible reducir las cargas a un sistema conectado en estrella.

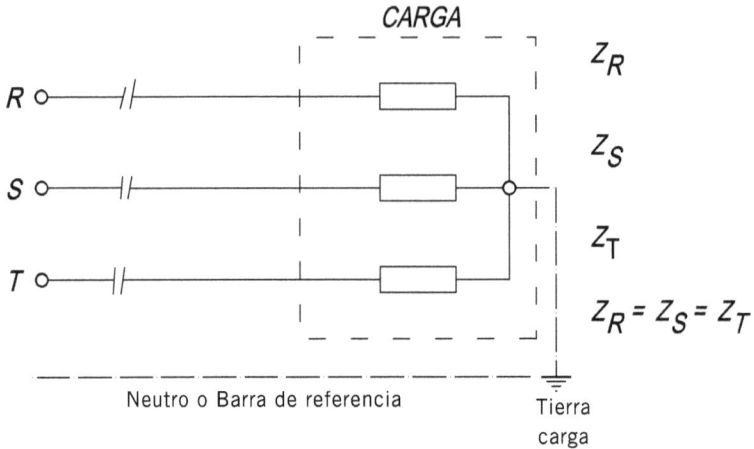

**Figura N° 2.16**

En la figura N° 2.16 volvemos sobre la conexión para mostrar que las tres impedancias de la carga no siempre pueden ser completamente iguales. Podemos demostrar:

$$Z_a = Z_R \tag{2.37}$$

$$Z_b = Z_S + \Delta Z_S \tag{2.38}$$

$$Z_c = Z_T + \Delta Z_T \tag{2.39}$$

En el grupo de expresiones (2.37-39) estamos admitiendo que cada fase puede variar en una pequeña cantidad $\Delta Z_S$ $\Delta Z_T$ si admitimos de partida la suposición que $\mathbf{Z_R} = \mathbf{Z_S} = \mathbf{Z_T}$. Lo cierto es que en este tipo de sistema de potencia, la marcha normal se caracteriza por una simetría bastante acentuada en las tres fases y normalmente se los trata como si fuesen perfectos. Solamente en casos de fallos notables que ocurren por accidentes o contingencias anormales del servicio podemos admitir fuertes desequilibrios, sea en las tensiones como en las corrientes. Por supuesto debemos admitir que en los extremos de redes, a donde se conectan los consumidores domiciliarios, los desequilibrios pueden ser muy fuertes, dado que cada cliente de la red toma para sus usos particulares potencias diferentes. Pero a medida que recorriendo las redes nos vamos acercando a los centros de generación, por las leyes de la probabilidad, las redes se van convirtiendo en redes perfectas y equilibradas. En resumen, los desequilibrios pueden encontrarse en los siguientes casos:

– Accidentes o fallos por anormalidades del servicio.
– En los lugares de consumos menores domiciliarios.

Por lo tanto, y mientras no advirtamos los contrario, las redes se consideran perfectas, es decir propias y regulares como las hemos definido en el párrafo 2.03.

REPRESENTACIÓN UNIFILAR O UNIPOLAR

**Figura N° 2.17**

Ello nos obliga a considerar que un sistema eléctrico de potencia puede concebirse como muestra la figura N° 2.17, donde un centro generador alimenta a una carga a través de una línea de transmisión. Sin embargo, las líneas suelen introducir un cierto desequilibrio, pero es fácil de regularizar. Repasemos un poco esto. En la figura N° 2.18 vamos a ejemplificar un sistema eléctrico de potencia con sus componentes más notables.

Una central hidroeléctrica genera en 20 kV que eleva a 500 kV por medio de un transformador en la parte superior y mediante una línea alcanza una estación de maniobra con barras de 500kV, a donde llega energía de otras fuentes semejantes y también sale energía a otros consumos. Uno de ellos parte hacia otra estación donde hay barras de 220 kV conectadas a una central térmica que genera a 21 kV, y mediante transformador eleva a 220 kV. A esta estación transformadora llega otra línea de 220 kV desde otra central térmica que genera a 20 kV. Desde esta ultima estación transformadora sale una línea a 220 kV que alcanza otra estación transformadora que rebaja

CIRCUITOS ELÉCTRICOS DE POTENCIA

CRITERIO PARA LLEGAR HASTA LOS CLIENTES
DESDE LOS CENTROS DE GENERACIÓN

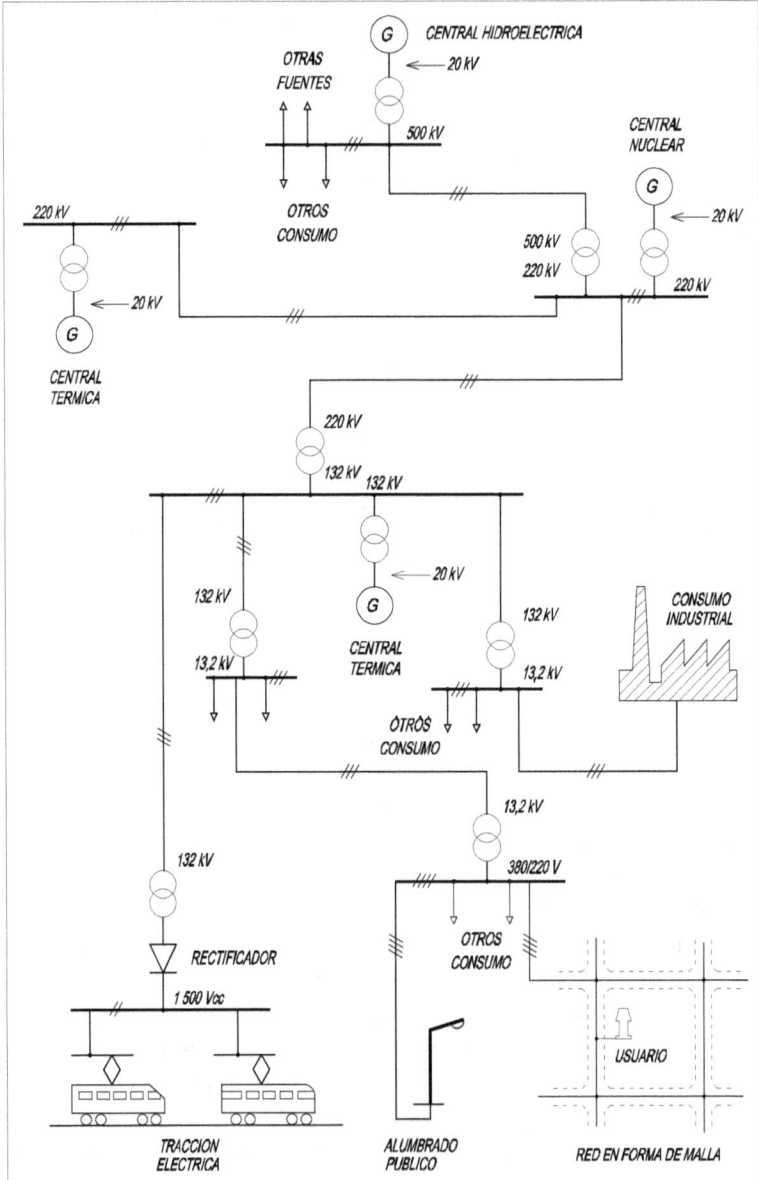

Figura Nº 2.18

a 132 kV. A estas últimas barras entrega energía una central térmica que produce a 13,2 kV y eleva a 132 kV. Una línea transporta energía hasta un centro industrial importante que rebaja a 13,2 kV para su uso interno. Otra línea parte hacia un rectificador de potencia que convierte a 1500 V de corriente continua para servicios de tracción eléctrica. También por medio de una línea de 132 kV se alcanza una cámara transformadora que reduce a 13,2 kV, la que distribuye en esa media tensión. Una de las líneas alcanza a una cámara transformadora que recibiendo energía en media tensión de 13,2 kV la convierte a baja tensión de 3 x 380/220 V. Desde allí habrá diversas líneas de 220 V que alimentarán el servicio público de alumbrado por una parte, y otras alimentarán los circuitos de suministro directo a los clientes domiciliarios que emplean energía para iluminación y los artefactos domésticos.

Vemos así que la energía generada en gran escala en las centrales eléctricas llega a los diversos tipos de consumidores por medio de las líneas de transmisión y de distribución. En general se presentan tres niveles:

### 1. Sistema de transmisión

Parten de las centrales eléctricas de gran potencia y llegan a las grandes estaciones transformadoras, por lo regular, mediante líneas de longitud apreciable.

### 2. Sistema de subtransmisión

Parten de las grandes estaciones transformadoras y alcanzan centros distribuidores mediante líneas también de alta tensión, desde donde la transformación permite seguir en media tensión.

### 3. Sistema de distribución

Reciben energía en media tensión y la convierten a baja tensión y la distribuyen entre los clientes menores.

Esto implica el empleo el uso de líneas subterráneas y aéreas. En la figura N° 2.19 esquematizamos una zanja con su cable subterráneo. Por la disposición de este tipo de líneas, las reactancias presentadas son prácticamente iguales para las tres fases.

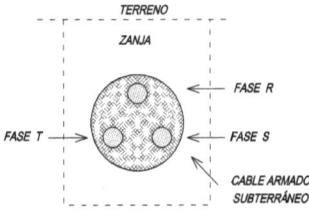

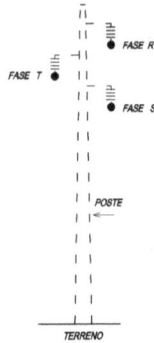

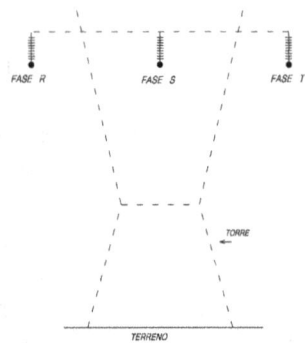

**Figura Nº 2.19**　　**Figura Nº 2.20**　　**Figura Nº 2.21**

Este tipo de cables no introduce mayores asimetrías. En la figura Nº 2.20 esquematizamos un poste de línea aérea, en que la colocación en forma de triángulo de los tres conductores, no presenta una alteración mayor de la impedancia presentada por cada fase de la transmisión. En cambio, en la figura N° 2.21 tenemos una clásica torre para línea de muy alta tensión, en que las tres fases están en un plano horizontal. En este caso, la impedancias propias y mutuas de las diversas fases no son totalmente iguales y se presentan asimetrías a tener en cuenta, dado que se trata de líneas de transmisión generalmente largas, se hacen a lo largo del recorrido dos **transposiciones**, como se muestra en el esquema de la figura Nº 2.22. Cada conductor de la línea trifásica va ocupando a lo largo del recorrido todas las posiciones posibles, logrando para el conjunto, una cierta y suficiente regularidad.

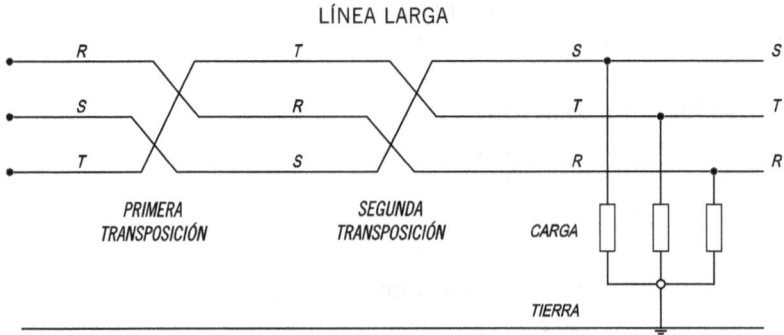

**Figura Nº 2.22**

Esta **simetrización** permite tratar a las líneas estudiando y calculando una sola fase, ya que las dos restantes son iguales. Partiendo de esta idea, las resistencias, reactancias propias y reactancias mutuas pueden expresarse por:

$$R_a = R_b = R_c = R \ (\Omega) \tag{2.40}$$

$$L_a = L_b = L_c = L \ (H) \tag{2.41}$$

$$M_{ab} = M_{bc} = M_{ca} = M \ (H) \tag{2.42}$$

Estas tres expresiones valen para circuitos estrictamente equilibrados. Las caídas de tensión en las tres fases resultan:

$$\Delta U_a = R \times I_a + j\omega L \times I_a + j\omega M \times I_b + j\omega M \times I_c \tag{2.43}$$

$$\Delta U_b = R \times I_b + j\omega L \times I_b + j\omega M \times I_c + j\omega M \times I_a \tag{2.44}$$

$$\Delta U_c = R \times I_c + j\omega L \times I_c + j\omega M \times I_a + j\omega M \times I_b \tag{2.45}$$

Estas ecuaciones son válidas **si la corriente en el neutro es nula**. Bajo esa condición, las ecuaciones del grupo (2.43), (2.44) y (2.45) se pueden modificar si recordamos la (2.28) bajo $I_n = 0$. Despejando las **Ia, I_b, I_c** de la relación que se deduce de $I_a + I_b + I_c = 0$ y reemplazándolas adecuadamente surge.

$$\Delta U_a = I_a \times \left[ R + j\omega(L - M) \right] = I_a \times Z_f \tag{2.46}$$

$$\Delta U_b = I_b \times \left[ R + j\omega(L - M) \right] = I_b \times Z_f \tag{2.47}$$

$$\Delta U_c = I_c \times \left[ R + j\omega(L - M) \right] = I_c \times Z_f \tag{2.48}$$

La cantidad $Z_f$ la llamaremos **impedancia de fase**, que simplificadamente vale:

$$Z_f \triangleq R + j\omega(L - M) \triangleq R + jX \tag{2.49}$$

Escrita matricialmente:

$$\begin{bmatrix} \Delta U_a \\ \Delta U_b \\ \Delta U_c \end{bmatrix} = \begin{bmatrix} Z_f & 0 & 0 \\ 0 & Z_f & 0 \\ 0 & 0 & Z_f \end{bmatrix} \times \begin{bmatrix} I_a \\ I_b \\ I_c \end{bmatrix} \tag{2.50}$$

grupo semejante a la (1.58). La matriz de las impedancias de fase es una matriz diagonal. Escribiendo en forma condensada:

$$\Delta U_f = Z_f \times I_f \tag{2.51}$$

Como la corriente de neutro es nula **(In=0)**, la caída de tensión en cada fase solo depende de la corriente de esa fase y como hemos supuesto que las tres impedancias de fase son iguales por la simetría del sistema, aparece que las caídas de tensión en las tres fases son idénticas. Esto es lo que se manifiesta en la figura N° 2.23. Allí se tomó como base una terna de valores $U_{a1}$, $U_{b1}$ y $U_{c1}$. Por las condiciones impuestas, las tres corrientes **Ia, Ib, Ic** forman una terna perfecta y las tres caídas componen tres triángulos iguales que se han rayado. La terna de vectores resultantes $U_{a2}$, $U_{b2}$ y $U_{c2}$ son las tensiones al final de la línea, en el lado receptor del sistema. Los triángulos de caídas de tensión están desplazados 120° uno de otro.

### -Ejemplo N° 2.04

Una línea de transmisión que trabaja con tensión compuesta de 3 x 132 kV y que presenta una impedancia por fase de $Z_f= 0.2+j0.4$ $\Omega$/km, se carga con una corriente de fase de I=60+j20 A. Determinar la tensión compuesta en el extremo receptor de la misma. La longitud es de 150 km.

$$Z_f = (0,2 + j\ 0,4)\ \Omega/\text{km} \times 150\ \text{km} = 30 + j\ 50\ \Omega$$

Tensión de fase:

$$U_f = \frac{132\ \text{kV}}{\sqrt{3}} = 76,21\ \text{kV}$$

Intensidad de fase:

$$I_f = 60 - j20 \text{ A} = 0,06 - j0,02 \text{ kA}$$

Tomamos como base de referencia el factor $U_{a1}$ de figura N° 2.23:

$$U_{a1} = 76,21 + j0$$

La tensión de fase a la llegada será la tensión a la salida, menos la caída:

$$U_{a2} = U_{a1} - I \times Z_f = 76,21 - (0,06 - j0,02) \times 30 + j60) =$$
$$= 76,21 - 1,8 - j3,6 + j0,6 - 1,2 =$$
$$= 73,21 - j3,0 = 73,27 \ \underline{|-2,3°} \ \text{kV}$$

La tensión de la línea, a la llegada será:

$$76,21 \times \sqrt{3} = 126,90 \text{ kV}$$

La variación porcentual de la tensión a la llegada, entre vacío y carga es:

$$\Delta U = \frac{76,21 - 73,27}{76,21} \times 100 = 3,85\%$$

Interruptor de 500 kV

Interruptor de 500 kV

Estación transformadora

Transformadores para medición de tensión en media tensión

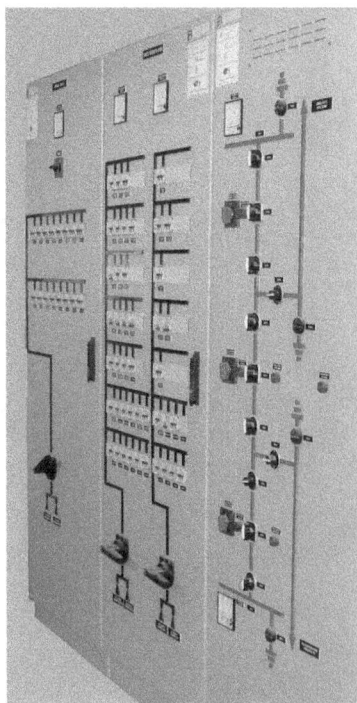

Tablero auxiliar

# CAPÍTULO 3

# POTENCIA Y ENERGÍA

## 3.01. INTRODUCCIÓN

Las conducciones de las corrientes eléctricas en los distintos circuitos ponen en juego, de acuerdo con el tipo de carga y la potencia de la misma, flujos de energías, las cuales presentan distintos parámetros que a su vez dependen de la tensión y frecuencia del sistema que se trate. En algunos casos es necesario recurrir a las representaciones gráficas convencionales para su análisis.

## 3.02. ENERGÍAS EN JUEGO

Se denomina **vector de energía** a la forma en que la energía se traslada de un lugar a otro. La energía puede estar acumulada en una sustancia como el carbón, el petróleo, el gas natural o el uranio. Se puede acumular en las pilas o en los acumuladores y también en las represas hidroeléctricas. Para formarnos una idea de órdenes de magnitud decimos que:

- 1 kg de carbón       =   8 kWh térmicos
- 1 kg de petróleo      =   10 a 12 kWh térmicos
- 1 kg de gas natural   =   12 kWh térmicos

La **electricidad es un vector de energía**, ya que permite trasladar energía de un lugar a otro. La electricidad tiene muy escasa capacidad de acumulación en los acumuladores de corriente continua y es nula en corriente alterna. En la Figura Nº 3.01 dibujamos a la izquierda una fuente primaria de energía $A_p$ que acciona un generador **trifásico G** que convierte la energía $A_p$ en **energía eléctrica $A_e$**.

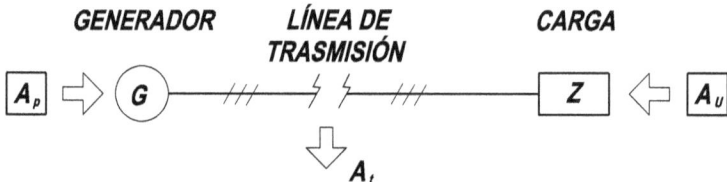

Figura N° 3.01. Esquema de una transformación

Mediante una **línea de transmisión** es posible llevarla hasta la **carga Z**. No toda la energía $A_e$ que sale del generador llega a la carga, ya que una parte se disipa en el camino, constituyendo las **pérdidas de transmisión $A_t$**. La parte que llega es la energía recibida $A_z$ de tal forma que:

$$A_e = A_z + A_t \tag{3.01}$$

La energía que llega $A_z$ o **energía recibida** se convierte en **energía útil $A_u$** que se emplea para algún fin (iluminación, fuerza motriz, etc.). Es evidente que se cumple:

$$A_p > A_e \qquad y \qquad A_z > A_u \tag{3.02}$$

ya que los sistemas de conversión de una forma de energía a otra no son perfectos y tienen sus propias pérdidas. La energía perdida en la transmisión es debido a que el medio físico que interconecta el generador con la carga es un conjunto de conductores que tienen una cierta resistencia eléctrica que disipa energía por efecto joule, además de otras pérdidas que aparecen en los sistemas de alta tensión.

Por lo estudiado en física y en electrotecnia, si en los bornes de una resistencia de valor **R** aplicamos una **tensión u** variable, se producirá una **corriente i** también variable. La potencia instantánea **p** desarrollada en la resistencia tiene por expresión:

$$p = u \times i = R \times i^2 \tag{3.03}$$

El **trabajo** o **energía** desarrollada en un intervalo diferencial de tiempo es:

$$dA = u \times i \times dt \tag{3.04}$$

En un lapso definido, la energía total desarrollada será:

$$A = \int u \times i \times dt = \int p \times dt \tag{3.05}$$

Para el caso de corriente continua pura, de valores:

$$u = U = cte \qquad y \qquad i = I = cte \tag{3.06}$$

tendremos:

$$A = U \times I \times t = R \times I^2 \times t = \frac{U^2}{R} \times t \tag{3.07}$$

Como la **potencia es la energía por unidad de tiempo**, resulta para el caso de la corriente continua la expresión:

$$P = U \times I = R \times I^2 = \frac{U^2}{R} \tag{3.08}$$

Recordamos que, en general, para la corriente continua se tiene:

$$A = P \times t \tag{3.09}$$

Las unidades de corriente de la (3.09) son: **Joule = watt × segundo.**

### -Ejemplo N° 3.01

Una línea de transmisión de energía en baja tensión está constituida por un cable subterráneo tripular del tipo 3 x 35 mm² (tres conductores de 35 mm² cada uno). El largo es de 200 m y transporta una corriente de 150 A, lo que corresponde aproximadamente a cerca de 100 kW de carga óhmica. El material es el cobre y se desea calcular las pérdidas por efecto joule en la línea. Resistencia de cada uno de los conductores de la línea:

$$r = \rho \times \frac{1}{s} = 0{,}02 \frac{\Omega.mm^2}{m} = 0{,}057 \ \Omega$$

La potencia perdida en cada conductor, por efecto joule es de:

$$p = r \times I^2 = 0,057 \ \Omega \times 150^2 A^2 = 1 \ 285 \ W$$

Como la línea tiene tres conductores, las pérdidas totales en la misma son:

$$P_L = 3 \times p = 1 \ 285 \ \times 3 = 3 \ 855 \ W$$

Como la potencia transportada es de unos 100.000 W, las pérdidas en la línea son del orden de:

$$P_L\% = \frac{3 \ 855}{100 \ 000} \times 100 = 3,85 \ \%$$

## 3.03. UNIDADES COMUNES

Repasemos ahora las principales unidades, utilizando la norma IRAM:

| | |
|---|---|
| 1 joule = 1 watt x 1 segundo | 1 J = 1W x 1s |
| 1 kilo-watt = $10^3$ watt | 1 kW = $10^3$ W |
| 1 kilo-watt-hora = 1 kilo-watt x 1 hora | 1 kWh = 1 kWx 1 hora |
| 1kWh = 1kWx1h = $10^3$Wx3600s = $3,6x10^6$ Ws = 3,6 $x10^6$ J | |
| 1 watt x 1 segundo = 1 Ws = 1 Joule | 1Ws = 1J |
| 1kilo-caloría = $10^3$ caloría | 1kC = $10^3$C |

*Nota: la caloría es una unidad antigua, que la norma IRAM aconseja no emplear, pero debido a que todavía se utiliza, indicaremos su equivalencia. La Norma IRAM aconseja usar el joule como unidad de calor.*

*1 kilo-caloría = 4.186 Joule*          *1 kC = 4 186 J*
     *Esta última expresión es el equivalente mecánico del calor*
*12 kilo-watt-hora = 860 kilo-caloría*       *1k Wh = 860 kC*
*1 mega-watt-día =$10^6$ watt x 86 400 segundos 1 MWd = 86,4 x $10^9$ J*
*1 joule = 1 newton x 1 metro = 1 kg (masa) x 1 metro /segundo²*

*1 horse power = 550 libras x pie/segundo =0,746 kilo-watt 1HP = 0,746 kW*

*1 caballo vapor = 75 Kilo(peso) x metro /segundo = 0,735 kilo-watt 1CV = 0,735 kW*

Para formarnos una idea de los grandes números relacionados con la energía digamos que un hombre normal, haciendo tareas manuales, desarrolla un trabajo de aproximadamente 1 kwh/día. En otro extremo la tierra recibe del sol aproximadamente 180 000 000 GW (1 giga-watt = $10^9$ W), de los cuales casi un tercio se refleja en las altas capas de la atmósfera y dos tercios alcanza la superficie del planeta. De esta parte, apenas el 1% se absorbe por fotosíntesis, por lo que el resto es devuelto al universo por reflexión y radiación, produciendo al hacerlo los diversos fenómenos meteorológicos.

## 3.04. POTENCIA INSTANTÁNEA EN CORRIENTE ALTERNA

Si a una impedancia común le aplicamos una tensión senoidal del tipo que ya vimos en la (2.01) y que repetimos por comodidad:

$$u = \sqrt{2} \times U \times sen\ \omega t \tag{3.10}$$

Calculará una corriente dada por la expresión:

$$i = \sqrt{2} \times I \times sen\ (\omega t + \varphi) \tag{3.11}$$

La **potencia instantánea** se considerará por definición:

$$p = u \times i = 2 \times U \times I \times sen\ \omega t \times sen\ (\omega t + \varphi) \tag{3.12}$$

Desarrollamos y ordenamos convenientemente:

$$p = u \times i = 2 \times U \times I \times (sen^2 \omega t \times \cos\varphi + sen\ \omega t \times \cos\ \omega t + sen\ \varphi) \tag{3.13}$$

Recordamos que:

$$sen^2 \omega t = \frac{1 - \cos 2\omega t}{2} \ ; sen\ \omega t \times \cos\omega t = \frac{sen\ 2\omega t}{2} \tag{3.14}$$

83

Reemplazando y operando nos queda:

$$p = U \times I \times (\cos\varphi - \cos 2\omega t \times \cos\varphi + sen\ 2\omega t \times sen\ \varphi) \qquad (3.15)$$

De la anterior nos queda:

$$p = U \times I \times \cos\varphi - U \times I \times \cos\ (2\omega t + \varphi) \qquad (3.16)$$

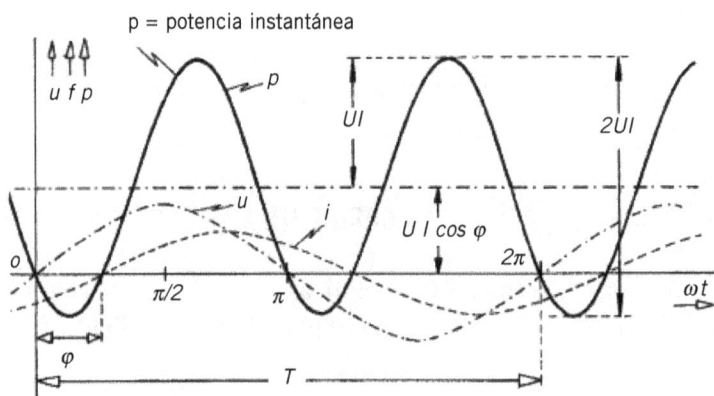

**Figura N° 3.02**

Esta es la expresión de los **valores instantáneos** de la potencia desarrollada en una impedancia de carga $Z(\varphi)$. Se observa que varía con una frecuencia doble a la frecuencia de la tensión aplicada a la corriente que circula, teniendo como eje de tiempos una horizontal colocada a una altura de valor **U x I x Cos $\varphi$**.

En la figura N° 3.02 vemos la representación de **u (t), i (t),** y de **p (t)**. En dicha figura, el valor de **$\varphi$** es el desfasaje entre la tensión aplicada y la corriente resultante. En la fórmula (3.11) se tomó genéricamente, positivo. Cuando la corriente (o la tensión) cumplen un ciclo, la potencia cumple dos, siendo **T** el valor del ciclo. El valor máximo de la potencia instantánea es **U x I**.

Si recurrimos a la fórmula (3.05) podemos estudiar las energías vinculadas a las potencias, en la figura N° 3.03, donde hemos dibujado solo la curva de la potencia instantánea. Las superficies rayadas representan energías por lo indicado en la citada (3.05). Convencionalmente, a las superficies encima del eje de los tiempos se las considera positivas y negativas las que resultan debajo de dicho eje. Cabe explicar el sentido físico de esto. Las energías positivas son las que **entran** a la carga **Z (t)** y negativas las que **salen** de la misma. Surge así que la energía entra y sale de la carga proveniente de la fuente de alimentación, con una frecuencia doble. Del balance de energía que entra y la que es devuelta, resulta en definitiva, la energía que la impedancia de carga utiliza y convierte.

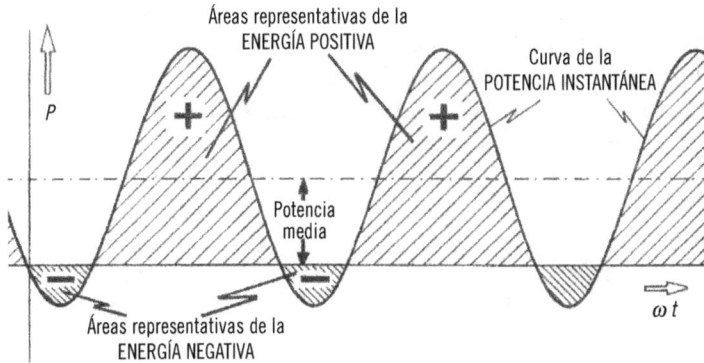

**Figura Nº 3.03**

Por lo tanto, en los circuitos de corriente alterna existe una cierta cantidad de energía que entra y sale de los mismos, parte de la cual se transforma en otro tipo de energía y parte es acumulada transitoriamente en los campos, como demostraremos.

## 3.05. POTENCIA ACTIVA

Si bien el concepto de potencia instantánea es importante para comprender los fenómenos en estudio, es la **potencia activa** la que en el uso práctico se presenta más a menudo. Se llama también **potencia watada** o simplemente **potencia**. Desde el punto de vista matemático es el valor medio de la potencia instantánea:

$$P = \frac{1}{T}\int_0^T p \times dt = \frac{U \times I}{T}\int_0^T \left[\cos\varphi - \cos(2\omega t + \varphi)\right] \times dt \quad (3.17)$$

85

La operación de esta expresión permite llegar al siguiente resultado:

$$P = U \times I \times \cos\varphi \qquad (3.18)$$

En unidades, podemos repetirla en la forma que sigue.

$$watt \ (W) = volt(V) \times amper(A) \qquad (3.19)$$

Desde el punto de vista conceptual debemos afirmar lo que sigue:

***Potencia activa:*** *es la potencia que corresponde a una energía continuamente creciente en el tiempo. Es, por lo tanto, la potencia que se transforma en el circuito en forma irreversible, y por lo tanto, la que se utiliza.*

Encontramos en la (3.18) una cantidad que cobra mucha importancia en todos los estudios energéticos: el **factor de potencia o cos $\varphi$** o abreviadamente **cos.fi**, como a veces se lo llama. Este valor proviene de las características de la carga **Z** conforme la expresión de electrotecnia que conocemos:

$$\cos\varphi = \frac{R}{Z} \qquad (3.20)$$

Reemplazando adecuadamente en la ley de Ohm:

$$U = Z \times I \qquad (3.21)$$

sale, con la (3.18-19) la expresión:

$$P = R \times I^2 \qquad (3.22)$$

La fórmula (3.18-19) nos permite la construcción gráfica de la figura N° 3.04. En la parte izquierda dibujamos la tensión **U** como fasor de referencia y $\varphi$ grados atrasado, el fasor **I** de la corriente. En este ejemplo, la corriente atrasa respecto la tensión, suponiendo que el circuito es de naturaleza inductiva. Procedemos a descomponer la corriente en dos: la componente **activa $I_a$** y la componente **reactiva $I_r$**. Sus valores son:

$$I_a = I \times \cos\varphi \qquad (3.23)$$

$$I_r = I \times sen\,\varphi \qquad (3.24)$$

86

Si a los tres fasores de la corriente **I, I$_a$ e I$_r$** los multiplicamos por el valor absoluto de **U** nos quedan nuevas expresiones que luego emplearemos:

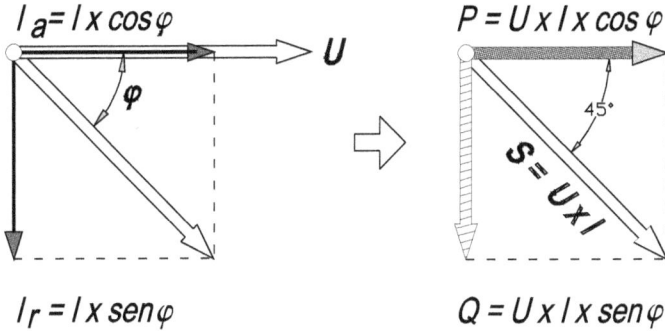

**Figura N° 3.04**

$$P = U \times I \times \cos \varphi \tag{3.25}$$

$$Q = U \times I \times sen\, \varphi \tag{3.26}$$

$$S = U \times I \tag{3.26bis}$$

## 3.06. POTENCIA REACTIVA

En los sistemas eléctricos de potencia, es común acudir al concepto que ahora se tratará. Hacemos algunos desarrollos matemáticos elementales, fáciles de seguir. Tomamos la (3.16) que desarrollamos y ordenamos de manera distinta:

$$p = U \times I \times \left[\cos\varphi\, (1 - \cos 2\omega t) + sen\, \varphi \times sen\, 2\omega t\right] \tag{3.27}$$

Aparece así claro que la potencia instantánea es la suma de dos potencias que trataremos de estudiar e identificar:

$$p_a = U \times I \times \cos\varphi\, (1 - \cos 2\omega t) \tag{3.28}$$

$$p_r = U \times I \times sen\, \varphi \times sen\, 2\omega t) \tag{3.29}$$

87

Para hacer el estudio de estas dos componentes, acudimos a la figura N° 3.05, que es la misma 3.02, pero en donde se han remarcado la potencia instantánea **p** y las dos componentes (3.28) y (3.29). Es evidente en la figura que:

$$p = p_a + p_r \qquad (3.30)$$

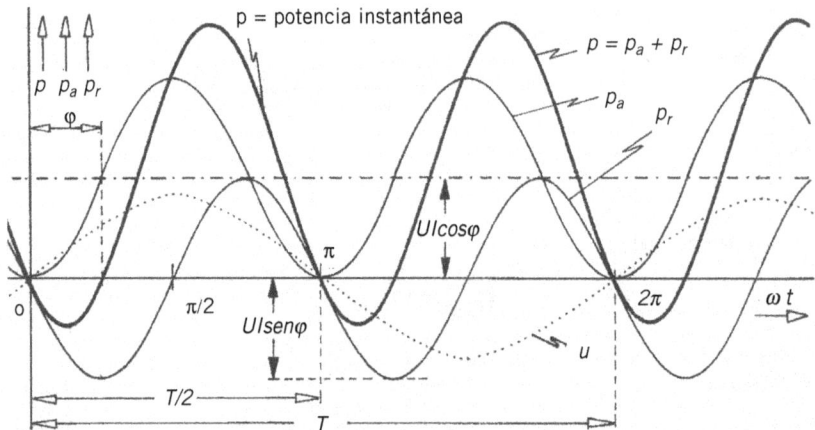

**Figura N° 3.05**

Por definición, introducimos entonces dos denominaciones muy corrientes:

$$P \triangleq |U| \times |I| \times \cos \varphi = \textit{Potencia activa o real} \qquad (3.31)$$

$$Q \triangleq |U| \times |I| \times sen\, \varphi = \textit{Potencia reactiva} \qquad (3.32)$$

Introduciendo estas dos nuevas en la (3.27) podemos escribir en forma compacta:

$$p = P \times (1 - \cos 2\omega t) - Q \times sen\, 2\omega t \qquad (3.33)$$

En base a razonamientos que pueden consultarse en varios textos, es posible afirmar lo que sigue:

88

**Potencia activa:** *la potencia activa o real P es el valor medio de la potencia instantánea p y es –físicamente– la potencia útil que se emplea. Esta magnitud depende mucho del factor de potencia cos.*

**Potencia reactiva:** *la potencia reactiva Q es por definición el valor máximo de la función Pr cuyo valor medio es nulo y representa a las energías que se acumulan en los campos eléctricos y magnéticos de la carga z.*

Por tanto, al aplicar tensión a una carga **Z** podemos esperar que ingrese una parte de energía que se convertirá en otra, para ser utilizada en un fin determinado como producir luz o fuerza motriz. Pero habrá otra cantidad de energía que entrará a la impedancia, se alojará en sus campos en un cuarto de período y será devuelta a la red en el cuarto de período siguiente. Esto está demostrado en la bibliografía (*) antes mencionada. Si bien la potencia reactiva no se convierte en ninguna forma útil en la carga, y por lo tanto no tiene interés, debe ser transportada en su movimiento de ida y vuelta. La potencia reactiva depende del ángulo $\varphi$, que conviene sea lo menor posible. Con criterio semejante el tratado para llegar a la fórmula (3.22) se obtiene:

$$sen\,\varphi = \frac{X}{Z} \tag{3.34}$$

que reemplazada en la (3.21) permite obtener:

$$Q = X \times I^2 \tag{3.35}$$

La unidad para las potencias **P** y **Q** puede ser en watt, pero para enfatizar más la diferencia entre ambas, para la reactiva se emplea una unidad especial. Por ello obtenemos:

$$Q = U \times I \times sen\,\varphi \tag{3.36}$$

En unidades, podemos repetirla como sigue:

$$volt - ampere - reactivo\ (VAr) = volt\,(V) \times ampere\,(A) \tag{3.37}$$

## 3.07. POTENCIA APARENTE

Como resultado del empleo de las potencias activas y reactivas en los circuitos de potencia, aparece otra magnitud muy importante. Se trata más bien de un grandor de dimensionamiento, que no alcanza a tener un sentido físico tan definido como las potencias recién vistas, pero es extremadamente importante en los sistemas eléctricos de potencia. Por definición la **potencia aparente** es:

$$S = U \times I \tag{3.38}$$

En unidades tenemos para esta también una denominación particular.

$$volt - ampere\,(VA) \; = volt(V) \times ampere\,(A) \tag{3.39}$$

Retornando a la figura N° 3.04, parte derecha, vemos que las tres potencias recién definidas forman un triángulo rectángulo del que deducimos:

$$S = \sqrt{P^2 \times Q^2} \tag{3.40}$$

$$tg\;\varphi = \frac{Q}{P} = \frac{U \times I \times sen\;\varphi}{U \times I \times \cos\;\varphi} = \frac{Ir}{Ia} \tag{3.41}$$

Resumimos en lo que sigue, las unidades tratadas.

**Potencia activa**:  watt (W)                ó kW   ó MW
**Potencia reactiva**: volt-ampere-reactivo (VAr)  ó kVA  ó MVAr
**Potencia aparente**: volt-ampere (VA)        ó kVA  ó MVA

## 3.08. TRATAMIENTO DE LAS POTENCIAS COMO COMPLEJOS

En la figura N° 3.06 presentamos el fasor de tensión:

$$U = |U| \times e^{j\varphi_2} \tag{3.42}$$

De idéntico modo el fasor corriente:

$$I = |I| \times e^{j\varphi_1} \tag{3.43}$$

El conjunto del fasor tensión lo expresamos:

$$U^* = |U| \times e^{-j\varphi_2} \tag{3.44}$$

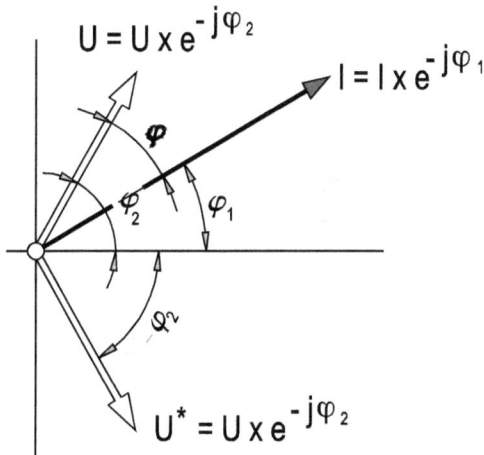

**Figura N° 3.06**

Operamos multiplicando el fasor corriente por el conjugado de la tensión:

$$U^* \times I = |U| \times e^{-j\varphi_2} \times |I| \times e^{j\varphi_1} = |U| \times |I| \times e^{j(\varphi_1 - \varphi_2)} = |U| \times |I| \times e^{-j\varphi} \tag{3.45}$$

Podemos desarrollar fácilmente:

$$U^* \times I = |U| \times |I| \times e^{-j\varphi} = |U| \times |I| \times (\cos\varphi - j\,sen\,\varphi) = \tag{3.46}$$
$$= |U| \times |I| \times \cos\varphi - j|U| \times |I| \times sen\,\varphi$$

Volviendo a las (3.31) y (3.32) podemos afirmar que por definición, la potencia aparente vale:

$$S = U^* \times I = P - jQ \tag{3.47}$$

91

CIRCUITOS ELÉCTRICOS DE POTENCIA

Si hubiésemos tomado el conjugado de la corriente **I***  nos aparece una expresión más general que la adoptaremos:

$$S \triangleq P + jQ = U \times I^*$$ 
(3.48)

## 3.09. POTENCIA EN LOS CIRCUITOS TRIFÁSICOS

Tratándose de las tres fases, la potencia activa debe ser la suma de las potencias activas de las mismas, es decir:

$$P \triangleq \sum P_i = P_A + P_B + P_C$$ 
(3.49)

Si las tres fases están conectadas en estrella y son diferentes, podemos decir que la potencia activa vale:

$$P_Y = U_a \times I_a \times \cos \varphi_a + U_b \times I_b \times \cos \varphi_b + U_c \times I_c \times \cos \varphi_c$$ 
(3.50)

Si se trata de un triángulo de tres cargas desiguales debe ser:

$$P_\Delta = U_{ab} \times I_{ab} \times \cos \varphi_{ab} + U_{bc} \times I_{bc} \times \cos \varphi_{bc} + U_{ca} \times I_{ca} \times \cos \varphi_{ca}$$ 
(3.51)

Para el caso de potencias reactivas, por igual criterio:

$$Q_Y = U_a \times I_a \times sen\, \varphi_a + U_b \times I_b \times sen\, \varphi_b + U_c \times I_c \times sen\, \varphi_c$$ 
(3.52)

$$P_\Delta = U_{ab} \times I_{ab} \times sen\, \varphi_{ab} + U_{bc} \times I_{bc} \times sen\, \varphi_{bc} + U_{ca} \times I_{ca} \times sen\, \varphi_{ca}$$ 
(3.53)

Para la **potencia aparente** podemos hacer un tratamiento idéntico al caso de los circuitos monofásicos en fórmula (3.40) y figura N° 3.04:

$$S = \sqrt{\left(P_A + P_B + P_C\right)^2 + \left(Q_A + Q_B + Q_C\right)^2} = \sqrt{P^2 + Q^2}$$ 
(3.54)

En estos casos de circuitos trifásicos desequilibrados, el factor de potencia suele ser diferente en cada fase, por lo que debemos hablar de un **factor de potencia medio**, determinable por medio de:

$$\cos \varphi = \frac{P}{S} = \frac{P}{\sqrt{P^2 + Q^2}}$$ 
(3.55)

Para el caso de los circuitos simétricos y equilibrados, vale decir, **perfectos**, las expresiones anteriores se reducen notablemente:

$$P_Y = 3 \times U_f \times I_f \times \cos \varphi_f \qquad (3.56)$$

$$P_\Delta = 3 \times U_f \times I_f \times \cos \varphi_f \qquad (3.57)$$

Pero venimos de ver del capítulo anterior que se cumple:

$$U_L = \sqrt{3} \times U_f \qquad (3.58)$$

$$I_L = \sqrt{3} \times I_f \qquad (3.59)$$

Reemplazando en las fórmulas del grupo (3.56) y (3.57) y operando, nos resulta la misma expresión, sea estrella o triángulos perfectos:

$$P = \sqrt{3} \times U \times I \times \cos \varphi \qquad (3.60)$$

Por idéntico razonamiento sale la fórmula para la potencia reactiva:

$$Q = \sqrt{3} \times U \times I \times sen \, \varphi \qquad (3.61)$$

En base a la (3.54), aplicada a este caso nos resulta:

$$S = \sqrt{3} \times U \times I \qquad (3.62)$$

## - EJEMPLO Nº 3.02

El generador de una central hidroeléctrica puede suministrar una potencia aparente de 9 600kVA a una tensión de 13,2 kV y con un rendimiento de 97%. Determinar:

a) la potencia que puede suministrar a cos $\varphi$ = 0,8,
b) la potencia que debe suministrar la turbina hidráulica que acciona el generador,
c) la máxima corriente que está capacitado para entregar el alternador.

$$P = S \times \cos\varphi = 9600 \text{ kVA} \times 0,8 = 7.680 \text{ kW} = 7.680.000 \text{ W}$$

$$Pm = \frac{P}{\eta} = \frac{7.680.000}{\sqrt{3} \times 13.200} = 419,89 \text{ A}$$

$$I = \frac{S}{\sqrt{3} \times U} = \frac{9.600.000}{\sqrt{3} \times 13.200} = 419,89 \text{ A}$$

## - EJEMPLO N° 3.03

Tres resistores de 20 Ω se conectan a una red de 3 x 380/220 V. Determinar la potencia que consume si se los conecta en estrella y si se los conecta en triángulo.

En estrella:

$$I = I_f = \frac{U_f}{R} = \frac{220 \text{ V}}{20 \text{ Ω}} = 11 \text{ A}$$

$$P_f = \sqrt{3} \times U \times I \times \cos\varphi = \sqrt{3} \times 380 \text{ V} \times 11 \text{ A} \times 1 = 7.239,97 \text{ W}$$

En triángulo:

$$I_f = \frac{U_f}{R} = \frac{380 \text{ V}}{20 \text{ Ω}} = 19 \text{ A}$$

$$I = \sqrt{3} \times I_f = \sqrt{3} \times 19 \text{ A} = 32,9 \text{ A}$$

$$P = \sqrt{3} \times U \times I \times \cos\varphi = \sqrt{3} \times 380 \text{ V} \times 32,9 \text{ A} \times 1 = 21.660,68 \text{ W}$$

## - EJEMPLO N° 3.04

Un motor trifásico lo representamos por medio de tres impedancias iguales de valor Z= 3 + j 4 Ω que están conectados en estrella a una red de tensión 3 x 380/200 V. Se desea conocer todas las potencias en juego.

$$Z = 3 + j4 = 5 \underline{|53,13°}$$

$$I = I_f = \frac{U_f}{Z} = \frac{220}{5} = 44 \text{ A} \quad \text{(Valor absoluto de la corrriente)}$$

Para el factor de potencia que resulta de la impedancia tenemos, en forma aproximada:

$$\cos\varphi = \cos 53,13° = 0,6 \ , \ sen\varphi = sen 53,13° = 0,8$$

$$P = \sqrt{3} \times U \times I \times \cos\varphi = \sqrt{3} \times 380 \ \times 44 \times 0,6 = 17,37 \ \text{kW}$$

$$Q = \sqrt{3} \times U \times I \times sen\varphi = \sqrt{3} \times 380 \ \times 44 \times 0,8 = 23,16 \ \text{kVAr}$$

$$S = \sqrt{3} \times U \times I = \sqrt{3} \times 380 \ \text{V} \times 44 = 25,59 \ \text{kVA}$$

## - EJEMPLO N° 3.05

Tres impedancias desiguales están conectadas a una red de 3 x 380/ 220 V y son de valores:

$$Z_a = 5 + j0 \ = 5 \ \big| 0°$$

$$Z_b = 3 + j4 \ = 5 \ \big| 53,13°$$

$$Z_c = 8 - j6 \ = 10 \ \big| -36,87°$$

Calcular la potencia activa, reactiva y aparente que consume de la red.

$$I_a = \frac{U_a}{Z_a} = \frac{220 \ \text{V}}{5 \ \Omega} = 44 \ \text{A} \qquad \text{(valor absoluto)}$$

$$I_b = \frac{U_b}{Z_b} = \frac{220 \ \text{V}}{5 \ \Omega} = 44 \ \text{A} \qquad \text{(valor absoluto)}$$

$$I_c = \frac{U_c}{Z_c} = \frac{220 \ \text{V}}{5 \ \Omega} = 22 \ \text{A} \qquad \text{(valor absoluto)}$$

Por cada fase tenemos las siguientes potencias activas:

$$P_a = U_a \times I_a \times \cos\varphi_a = 220 \ \text{V} \ \times 44 \ \text{A} \times 1 = 9.680 \ \text{W}$$

$$P_b = U_b \times I_b \times \cos\varphi_b = 220 \ \text{V} \ \times 44 \ \text{A} \times 0,6 = 5.808 \ \text{W}$$

$$P_c = U_c \times I_c \times \cos\varphi_c = 220 \ \text{V} \ \times 22 \ \text{A} \times 0,8 = 3.872 \ \text{W}$$

Por cada fase tenemos las siguientes potencias reactivas:

$Q_a = U_a \times I_a \times sen\varphi_a = 220 \text{ V} \times 44 \text{ A} \times 0 = \quad 0$

$Q_b = U_b \times I_b \times sen\varphi_b = 220 \text{ V} \times 44 \text{ A} \times 0{,}8 = 7.744 \text{ kVAr}$ inductivos

$Q_c = U_c \times I_c \times sen\varphi_c = 220 \text{ V} \times 22 \text{ A} \times 0{,}6 = 2.904 \text{ kVAr}$ capacitivos

La potencia activa será:

$$P = P_a + P_b + P_c = 9.680 + 5.808 + 3.872 = 19,36 \text{ kW}$$

De igual forma la potencia reactiva será:

$$Q = Q_a + Q_b + Q_c = +0 + 7.744 - 2.904 = 4,84 \text{ kVAr}$$

Obsérvese cómo se tomaron los signos en este último caso. La potencia aparente será:

$$S = \sqrt{P^2 + Q^2} = \sqrt{19,36^2 + 4,84^2} = 19,95 \text{ kVA}$$

## - EJEMPLO Nº 3.06

En el extremo de partida de una línea de 220 kV se miden con instrumentos la potencia activa de 250 MW y la potencia reactiva de 50MVAr. Estas potencias se envían por dicha línea que presenta una impedancia de 5 + j50 Ω por cada fase. Determinar la tensión en el extremo de llegada de la línea.

Como estudiamos en el tema 2.08, hacemos el cálculo por fase.

$$U_{a1} = \frac{220 \text{ kV}}{\sqrt{3}} = 127 \text{ kV}$$

Tomamos ese vector como referencia para los cálculos:

$$U_{a1} = 127 \ \underline{|0°}$$

También tomamos las potencias de salida por fase:

$$P_1 = \frac{250 \text{ kW}}{3} = 83,33 \text{ kW}$$

$$Q_1 = \frac{50 \text{ kVAr}}{3} = 16,66 \text{ kVAr}$$

La potencia compleja de salida es:

$$S_1 = P_1 + Q_1 = 83,33 + j16,66$$

Por lo dicho en fórmula (3.47) obtenemos:

$$S_1 = 83,33 + j16,66 = U^* \times I$$

Despejamos:

$$I = 653,54 - j131,23 \text{ A}$$

Se trata de la intensidad por fase. El cambio de signo se debe a los signos de la (3.47). La tensión en la llegada será entonces:

$$U_{a2} = U_{a1} - I \times Z = 127,0 - (0,653 - j0,131) \times (5 + j50)$$

Nótese que, por comodidad, hemos pasado de la corriente en A a expresarla en kA. Nos queda:

$$U_{a2} = 127,0 - (3,26 + j32,65 - j0,655 + 6,55) = 117,19 - j31,99 =$$
$$U_{a2} = 121,47 \; \underline{|-15,26°} \;\; \text{kV}$$

La tensión de línea sale:

$$|U_{a2}| = \sqrt{3} \times 121 = 210,39 \text{ kV}$$

## 3.10. INFLUENCIA DE LA TENSIÓN Y DE LA FRECUENCIA

La calidad de los servicios eléctricos se mide por medio de tres factores que enumeramos a continuación:

– Continuidad de los servicios.
– Constancia de la tensión.
– Constancia de la frecuencia.

De estos tres factores trataremos ahora los dos últimos, que corresponden a los terminales de los aparatos de los usuarios de energía.
Volvamos a la fórmula (3.47) que escribimos en forma más desarrollada con ayuda de los fasores conjugados antes vistos:

$$S = P + jQ = U \times I^* = Z \times I \times I^* = Z \times |I|^2 = U \times U^* \times Y^* = |U|^2 \times Y \qquad (3.63)$$

La admitancia y su conjugado son:

$$Y = G + jB \qquad\qquad Y = G - jB \qquad\qquad (3.64)$$

Poniendo en función de la impedancia:

$$Y = \frac{1}{Z} = \frac{1}{R + jX} \qquad\qquad Y^* = \frac{1}{Z} = \frac{1}{R - jX} \qquad (3.65)$$

Reemplazando en la (3.63) y racionalizando luego sale:

$$S = P + jQ = |U|^2 \frac{1}{R - jX} = |U|^2 \frac{R + jX}{R^2 + X^2} \qquad (3.66)$$

Las potencias activas y reactivas resultan entonces:

$$P = |U|^2 \frac{R}{R^2 + X^2} \qquad\qquad (3.67)$$

$$Q = = |U|^2 \frac{X}{R^2 + X^2} \qquad\qquad (3.68)$$

Es interesante ver que las potencias resultan proporcionales al cuadrado de la tensión. Examinamos el problema dando un pequeño incremento |U a la tensión, y podemos escribir:

$$\frac{\Delta P}{\Delta |U|} \simeq \frac{\partial P}{\partial |U|} = 2 \times |U| \times \frac{R}{R^2 + X^2} = \frac{2 \times |U|^2}{|U|} \frac{R}{R^2 + X^2} = 2 \times \frac{P}{|U|} \qquad (3.69)$$

$$\frac{\Delta P}{P} \simeq 2 \times \frac{\Delta |U|}{|U|} \tag{3.70}$$

Esta expresión nos dice que por ejemplo, una caída de tensión de 1% en terminales del cliente, ocasiona una disminución del 2% en la potencia suministrada.

Examinemos ahora la influencia de la frecuencia y comencemos por considerar a una carga compuesta por una impedancia:

$$Z = R + jX = R + j2\pi\, fL \tag{3.71}$$

Este tipo de carga puede ser iluminación o sistemas de calor eléctrico. Hacemos algunos arreglos fáciles de interpretar:

$$P = |U|^2\, \frac{R}{R^2 + X^2} \quad \text{de la cual podemos operar}$$

$$\frac{\Delta P}{\Delta f} = |U|^2 \times R \times \frac{\partial}{\partial f}\, \frac{1}{R^2 + 4\pi^2 f^2 L^2} = -|U|^2 \times R \times \frac{8\pi^2 fL^2}{(R^2 + X^2)^2}$$

$$\frac{\Delta P}{\Delta f} = -|U|^2 \times \frac{4R\pi LX}{(R^2 + X^2)^2} \times \frac{f}{f} = -|U|^2 \times \frac{2RX^2}{f \times (R^2 + X^2)^2} = -P \times \frac{X^2}{f \times (R^2 + X^2)} \tag{3.72}$$

De esta última surge:

$$\frac{\Delta P}{P} \simeq -2 \times \frac{X^2}{R^2 + X^2} \times \frac{\Delta f}{f} \tag{3.73}$$

De aquí surge claramente que para un determinado factor de potencia **cos φ**, la potencia resulta inversamente proporcional a la frecuencia.

Puede observarse en la (3.73) que la cantidad de la fracción es igual a:

$$\frac{X^2}{R^2 + X^2} = sen^2\varphi \tag{3.74}$$

Por ejemplo, si el factor de potencia de la instalación es **cos φ= 0,8**, inductivo, el **sen φ = 0,6** y por lo tanto *sen² φ= 0,36*. Aplicando esto a la (3.73) nos queda:

99

$$\frac{\Delta P}{P} \simeq -0,72 \times \frac{\Delta f}{f} \tag{3.75}$$

Si se produce una caída de frecuencia de 1%, la carga se incrementa en 0,72%, aunque parezca paradójico. En caso de que la carga sean motores asincrónicos, las variaciones de la tensión y de la frecuencia requieren un análisis más específico, dado que entran en juego las características del mecanismo arrastrado por los motores.

# BIBLIOGRAFÍA DE REFERENCIA

- **Análisis de Sistemas Eléctricos de Potencia**. William D. Stevenson. McGraw-Hill Book Company, USA.
- **Computer Análisis Methods for Power Systems**. G. T. Heydt. Macmillan Publishing Company, USA.
- **Computer Modelling of Electrical Power Sysstem**. B. J. Harker. John Wiley & Sons, USA.
- **Corrientes de Cortocircuito en redes trifásicas**. Richard Romper. Marcombo – Siemens Aktiengesellshaft, España.
- **Electric Energy Systems Theory.** Olle I. Elgerd. McGraw-Hill Book Company, USA.
- **Electric Power Equipment**. J. G. Tarboux. McGraw-Hill Book Company, USA.
- **Energía Eléctrica**. Miguel Aguet y Jean-Jacques Morf. Editorial Limusa, España.
- **Impianti eletttrici.** Aldo Polettini. Societá Editrice Vannini, Italia.
- **Introducción al Análisis de Sistemas Eléctricos de Potencia**. Enriquez Harper. Editorial Limusa-Wiiley, México.
- **Líneas e Instalaciones Eléctricas**. Carlos Luca Marin. Representaciones y Servicios de Ingeniería, México.
- **Power System Stability**. Edward Wilson Kimbark. John Wiley & Sons, USA.
- **Redes Eléctricas**. Jacinto Viqueira Kanda. Representaciones y Servicios de Ingeniería, México.
- **Sistemas de Transmisión de Energía Eléctrica**. J. Robert Eaton. Editorial Prentice/Hall Internacional, España.
- **Sistemas Eléctricos de Potencia**. Juan Angel Correa. Centro de Estudiantes de Ingeniería, La Plata, Argentina.

Seccionador de 500 kV

Disposición de equipos
de 500 kV

www.ingramcontent.com/pod-product-compliance
Lightning Source LLC
Chambersburg PA
CBHW071056280326
41928CB00050B/2533